eビジネス
新書

No.372

週刊東洋経済

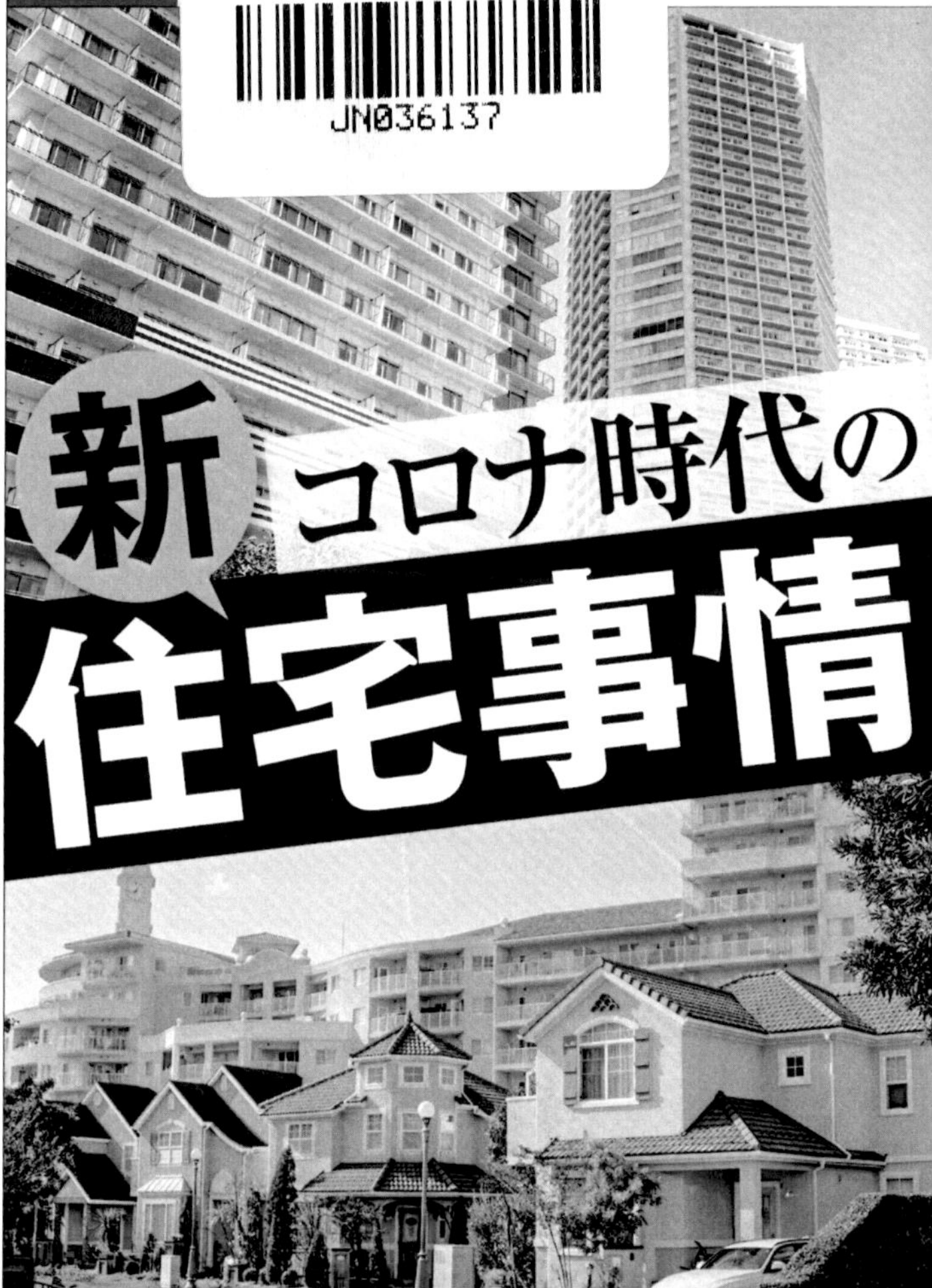

新 コロナ時代の住宅事情

週刊東洋経済 eビジネス新書 No.372

コロナ時代の新住宅事情

本書は、東洋経済新報社刊『週刊東洋経済』2021年1月16日号より抜粋、加筆修正のうえ制作しています。情報は底本編集当時のものです。（標準読了時間 90分）

コロナ時代の新住宅事情　目次

新築も中古も需給がタイト

新しい住まいへの需要が急膨張

「今日もヘトヘトです。予約がひっきりなしに入っていて、残業をしながら接客しています」。都内で新築マンションを販売する営業員は、疲れながらも満足げな表情を見せる。

この状況を誰が予想できただろうか。緊急事態宣言発出前後の2020年4月、住宅業界は未曽有の事態に見舞われた。多くのデベロッパーがモデルルームや仲介店舗の閉鎖を余儀なくされ、現地での内見もはばかられるなど住宅の販売が困難な状況に追い込まれた。

不動産経済研究所によれば、同月の首都圏新築マンション供給戸数は686戸と過去最少を記録した。中古の成約件数もマンションが前年同月比52・6％減、戸建てが41・5％減に縮小。市場の「凍結」を目の当たりにした業界は、住宅不況の到来に身構えた。

ところが、業界の懸念はいい意味で裏切られた。営業を本格的に再開した7月以降、販売がV字回復を果たしたのだ。「夏枯れ」と呼ばれる8月でも勢いは衰えず、にぎわいは現在も続いている。

20年11月に三井不動産レジデンシャルが発売したタワーマンション「パークタワー勝どき」（東京・中央区）は、販売住戸237戸に対して約650件もの申し込みが入った。中でも1億2890万円の住戸には、27倍もの購入希望者が殺到した。

購入者の背中を押したのは、「巣ごもり」の中でたまった自宅への不満だ。日がな一日自宅にこもっていると、広い部屋や便利な住宅設備が欲しくなる。学校が休校になり暇を持て余した子どもが自宅で遊ぶ中、騒音や振動が近所迷惑にならないかも気がかりだ。グーグルでは、緊急事態宣言発出前後から「書斎」や「騒音」の検索数が急増した。

1 「巣ごもり」開始で住居に不満

「書斎」「騒音」などの検索が増加
―グーグルでの検索数推移（2020年）―

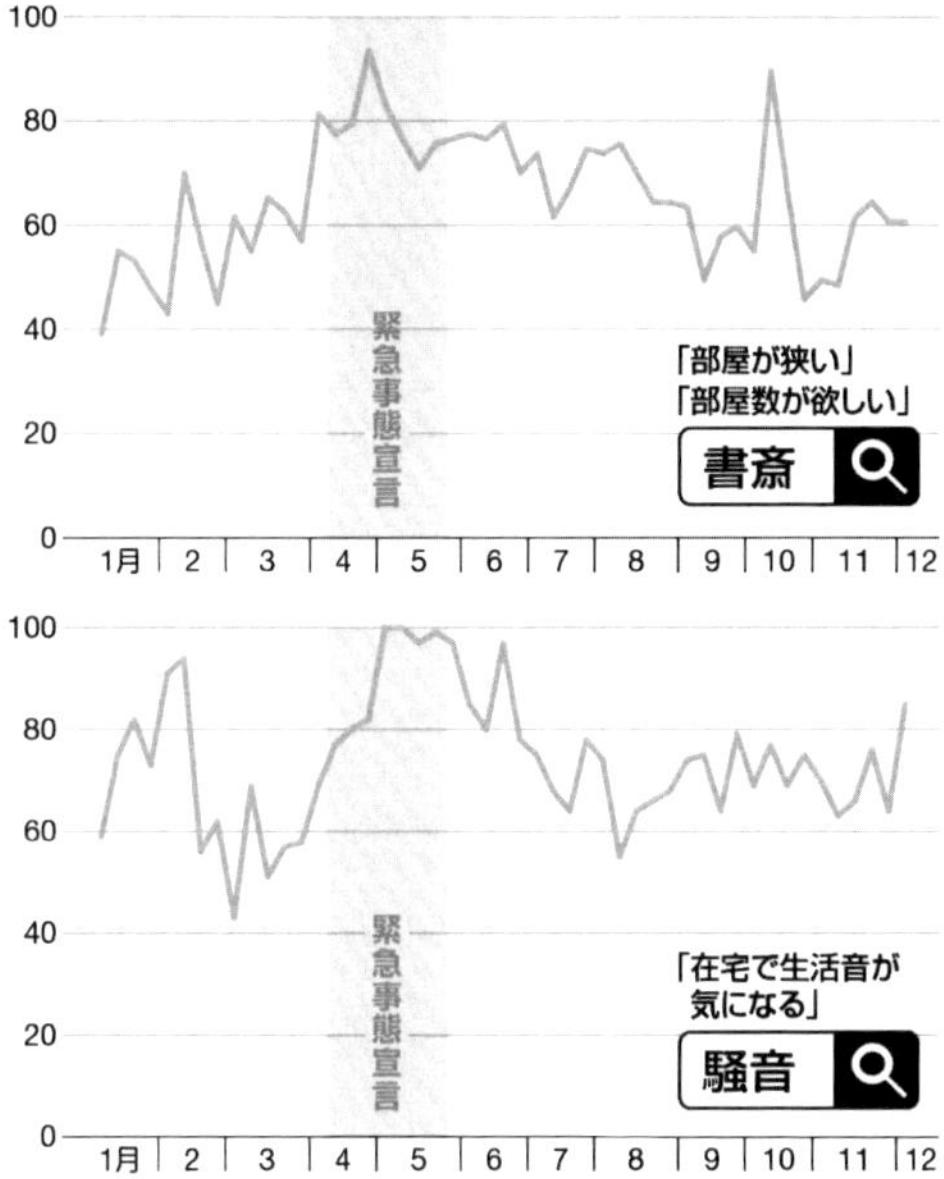

（注）検索数が最も多かった日を100とする　（出所）Google Trends

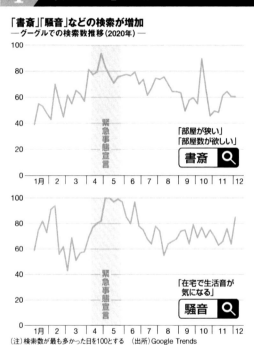

戸建ても在庫減少

住宅の需給バランスも活況を演出する。20年の首都圏新築マンション供給は2万戸強と、モデルルームの閉鎖を受けて、例年の3万戸水準を大きく下回る見込みで、限られた新築物件に申し込みが集中している。需要旺盛な中古物件も「今は売り時でない」と考えた持ち家の買い替え層が売り出しを控えたこともあり、在庫は減少の一途をたどる。

2 在庫少なく、売り手優位に

供給がボトルネック ―新築住宅の供給状況(2020年)―

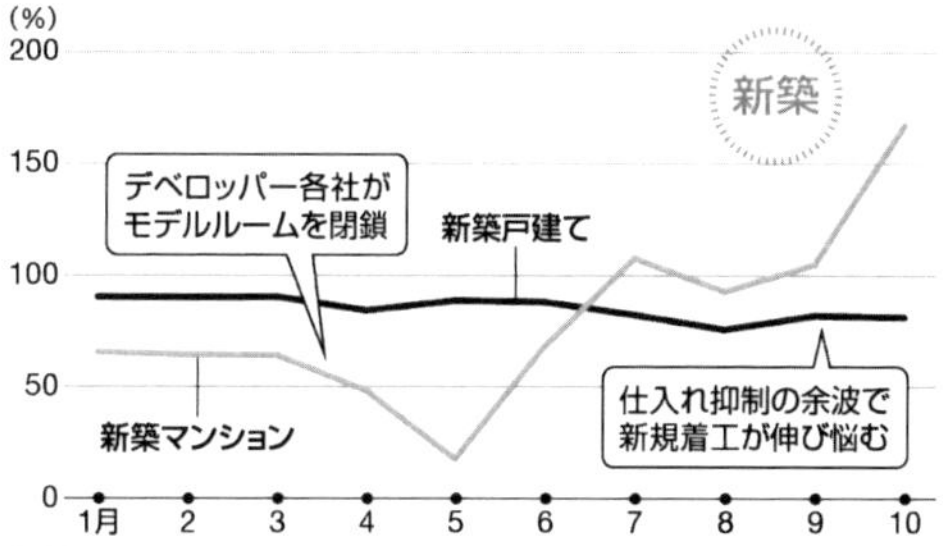

(注)新築マンションは供給戸数、新築戸建ては着工戸数。数値は前年同月比。1都3県が対象　(出所)不動産経済研究所、国土交通省「建築着工統計調査」

買いが売りを上回る ―中古住宅の在庫量(2020年)―

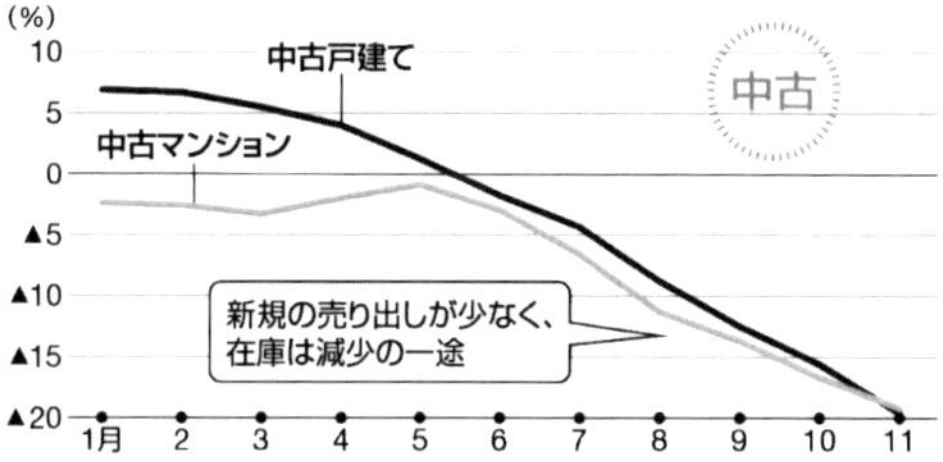

(注)数値は前年同月比増減。1都3県が対象。▲はマイナス
(出所)東日本不動産流通機構

逼迫しているのはマンションだけではない。神奈川・横浜地盤のハウスメーカー「ピーアイコーポレーション」の折田浩一代表取締役は、「子どもがいない世帯でも戸建てを求めるほど引き合いは強いが、販売できる物件が少ない」と話す。緊急事態宣言前後に用地取得を一時見合わせたため、購入希望に対して十分な在庫の確保が難しくなりつつあるという。用地取得は夏以降に再開したが、引き渡し可能な物件が増えるのは「21年春以降になるだろう」(折田代表)。

むろん、コロナ禍は雇用や所得をむしばんでおり、誰もが住宅購入に動けるわけではない。それでも、IT業界を筆頭に所得が高く在宅勤務への移行も早い業種への影響は比較的軽微だ。住宅市場の活況は、所得や雇用への不安を払拭できるこうした業種の従事者による需要膨張によって支えられている。

住宅ローン金利はコロナ禍後も低水準で推移し、今や変動金利ならネット銀行では0・4%台の商品も登場。住宅金融支援機構が20年7~9月に行った「住宅ローン貸出動向調査」によれば、金融機関の71%が「今後も住宅ローンの新規貸し出しに積極的だ」と答え、貸し渋りの気配もない。

3 価格上昇で購買層が限定される

マンションの上昇が顕著 —不動産価格指数—

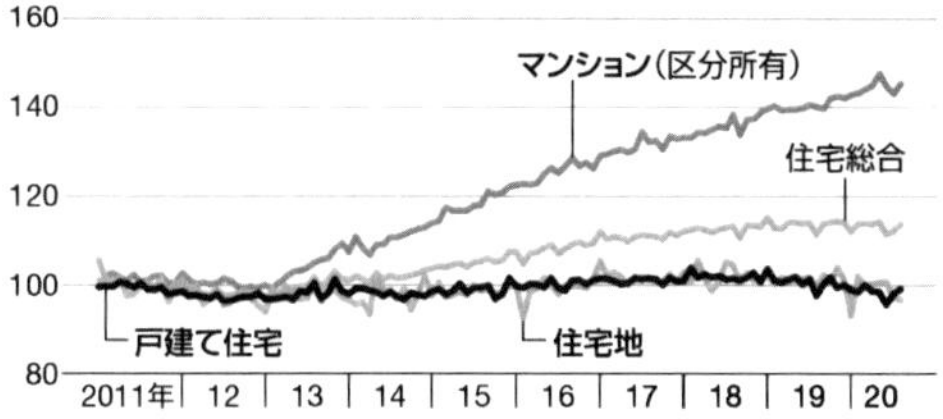

(注)2010年平均を100とする (出所)国土交通省「不動産価格指数」

4 低金利でローンも組みやすい

ネット系なら0.4%を切る勢い —住宅ローン金利の推移—

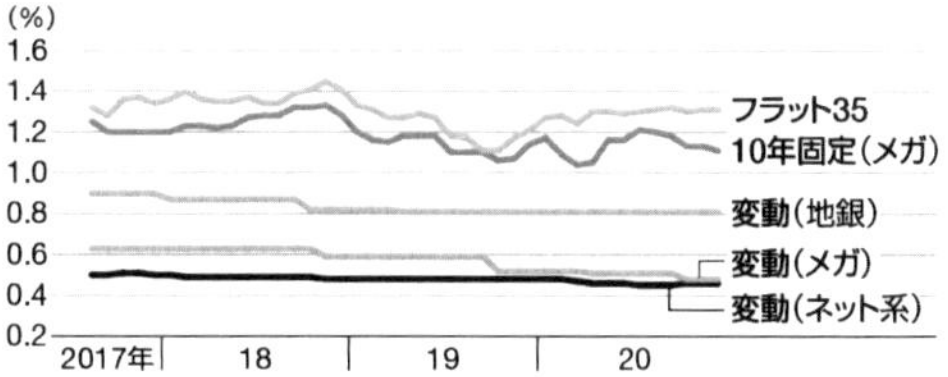

(出所)MFS「モゲチェック」

予想外の快走で幕を開けた、住宅業界のニューノーマル。度重なる緊急事態宣言発出という状況下、住宅市場はどう変わるのか。最前線での取り組みを追った。

（一井　純）

郊外への民族大移動は起こるのか

2020年9月、総務省統計局が発表したリポートが話題を呼んだ。「郊外への住み替えの動きが起きている可能性がある」。

同省が発表している「住民基本台帳人口移動報告」によれば、20年5月におよそ7年ぶりに東京都の人口が転出超過となり、その後も7月から5カ月連続で転出超過となっている。

在宅勤務によって通勤が不要になり、都心に住む必要はなくなる。ならば、住環境に優れて面積も広い住宅が安価で手に入る郊外に移ろう――。そんな動きが主流になる、とまことしやかにささやかれる。

では、都心から郊外への「民族大移動」は本当に起きるのか。そこで本誌は不動産情報サイトのSUUMO（スーモ）の協力を得て、コロナ禍において住宅購入を検討する客の動きを追った。

築古戸建てに熱視線

20年10月におけるスーモ上でのページ閲覧数（PV）を「市区町村別」に集計し、前年同月比での増加率をランキングしたのが次の表だ。新築・中古戸建て、中古マンションのいずれも東京23区外の伸びが顕著だ。上位には東京都下や横浜市、千葉市など住環境に優れ、都心へのアクセスがよい街が名を連ねる。

東京都「外」に注目集まる ―「SUUMO」の市区町村別PV増加率ランキング―

新築戸建て

順位	市区町村	増加率
1	千葉県八街市	168%
2	横浜市中区	157%
3	東京都国立市	156%
4	千葉市花見川区	156%
5	千葉市若葉区	153%
6	神奈川県相模原市緑区	152%
7	神奈川県伊勢原市	152%
8	東京都小金井市	147%
9	神奈川県大和市	147%
10	東京都荒川区	144%

中古戸建て

順位	市区町村	増加率
1	千葉県富津市	259%
2	千葉県館山市	253%
3	千葉県木更津市	207%
4	東京都あきる野市	189%
5	神奈川県逗子市	187%
6	栃木県那須郡那須町	183%
7	千葉市美浜区	177%
8	東京都台東区	176%
9	千葉県野田市	175%
10	横浜市緑区	169%

中古マンション

順位	市区町村	増加率
1	横浜市瀬谷区	213%
2	埼玉県蕨市	170%
3	神奈川県逗子市	158%
4	東京都小平市	139%
5	千葉県成田市	138%
6	東京都青梅市	136%
7	神奈川県茅ヶ崎市	135%
8	茨城県取手市	130%
9	横浜市栄区	129%
10	千葉県鎌ケ谷市	126%

(注) 2020年1月と10月の新築・中古戸建て、中古マンションのPVを比較し、増加率の高い市区町村上位10を抽出。小数点以下は切り捨て　(出所) SUUMO

神奈川県逗子市や茅ヶ崎市など、自然豊かな印象を抱かせる「湘南」エリアも人気だ。横浜地盤の不動産会社リストデベロップメントでは、20年1～11月の新築戸建て契約件数が637件と、前年同期比で2割増えた。同社の担当者は「横浜市や藤沢市、茅ヶ崎市などでの契約が多い。都内在住者が購入した物件もある」と話す。

目を引くのは、栃木県那須町や千葉県館山市など、都心への通勤が現実的ではない地域の中古戸建てが注目を集めている点だ。スーモの池本洋一編集長は、「子どもが独り立ちして時間的・金銭的な余裕のある夫婦が、セカンドハウスとして築古戸建てを購入する動きが目立つ」と語る。

取引が盛んなのは500万円以下の戸建て。地方移住に向けたステップとして考えられ、現金一括で購入できて地方での生活になじめなければ損切りも許容できる水準だ。「地方の安価な物件を買う動きは18年ごろから見られるが、在宅勤務の普及でいっそう活発化しそうだ」(池本氏)。

地方移住に関しては、もう1つ興味深いデータがある。同じくスーモ上のPVについて、東京都在住者がどの「都道府県」の物件に問い合わせたかを分析したのが、次のグラフだ。首都圏よりも北関東や中部地方のPVの伸び率が高い。地方移住や2拠点居住に、都民が関心を寄せていることは確かだ。

■ **首都圏の「外」に都民が熱視線**

—東京都在住者による中古戸建て反響数—

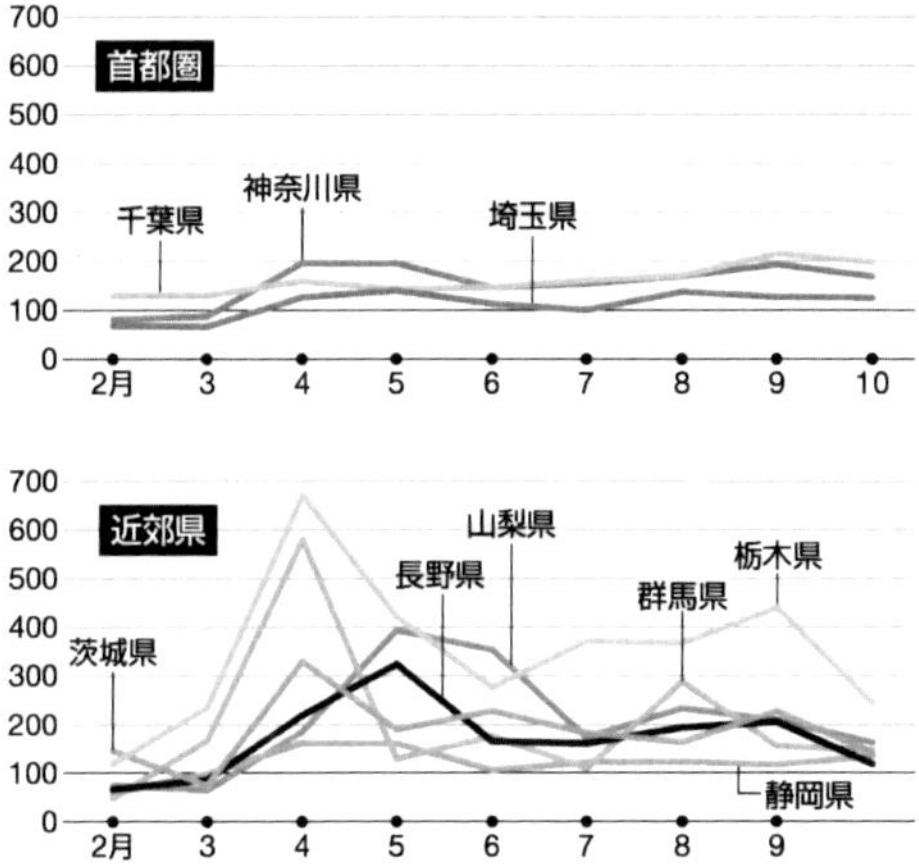

（注）2020年の1月における反響数を100とする　（出所）SUUMO

これまで見てきたデータはあくまでPVや反響数であり、成約に至らないケースも含まれている。閲覧後の動きを追うと、「問い合わせ数の伸び率はPV数ほど大きくなく、成約数はさらに控えめ」（池本氏）。都心から郊外への大規模な移住は、現時点では大きな〝うねり〟とはなっていないようだ。

在宅勤務が終わるリスク

在宅勤務の普及で都心から郊外への移住が加速する。このシナリオが実際に成立するには2つのハードルがある。

1つは在宅勤務が継続するかどうかだ。パーソル総合研究所の調査によれば、2020年11月中旬時点での正社員のテレワーク実施率は全国平均で24・7％。4月の緊急事態宣言発出直後の27・9％、そして5月末の解除直後の25・7％から漸減している。不動産評価会社タスの藤井和之新事業開発部長は、「大企業での導入事例が目立つ一方、ほとんどの企業では定着していない」と言う。従業員の教育やイノベーションの創発の面などで、在宅勤務の限界も指摘される。

在宅勤務の継続可否について、会社の方針が定まらないうちに移住を決断することはリスクが大きい。また、会社が在宅勤務を継続する方針を固めても、子どもはこれまでどおり通学する必要があるため、ファミリー世帯にとって移住は簡単ではない。

もう1つは都心に構えるマンションへの需要が底堅いことだ。東京カンテイによれば、都心5区（千代田、中央、港、新宿、渋谷）には19年時点で約36・4万戸のマンションが存在するが、うち約9万戸は築10年以内だ。購入者の都心・駅近志向を受け、マンションの供給も都心に軸足を移す。

生活利便施設に乏しく物価も高いという都心の姿は変貌した。再開発によってマンションが続々と建てられ、周辺にはスーパーマーケットや病院、保育所などの生活インフラが整備された。都心が以前と比べて居住地としての環境を備えたことで、自然環境など郊外にしかない要素を求めない限り、あえて郊外へと移住する必要性は薄れている。

肝心の郊外では、デベロッパー各社はマンションの供給に難儀する。都心に比べて総事業費に占める建築費の割合が大きい郊外では、建築費が高騰していて採算がなかなか合わない。郊外が脚光を浴びていても、「都心の駅近なら、最悪値段を下げれば売れる。郊外は値段を下げても売れないリスクがある」（中堅マンションデベロッパー）と、供給を急増させることには及び腰だ。

その空隙を埋めるように、郊外で台頭するのが戸建てだ。パワービルダーを中心に建築が合理化され、1次取得者（初めて住宅を購入する層）でも手の届く価格での供給が容易になった。「今は職人の巧拙にかかわらず、一定の品質の建物ができる。例えば柱を接合する際、注文住宅なら職人がほぞ（木材の凹凸）を組み合わせるが、建て売り戸建てではボルトとナットで締める」（営業員）。

エリアだけでなく、購入者の志向もマンションと戸建てでは分かれている。スーモが2020年4〜8月の住宅契約者に対して行ったアンケートによれば、戸建て購入者の4割以上が検討に際して駅距離を「妥協した」と答えた一方、マンション購入者では2割強にとどまった。

その駅距離についても、戸建て契約者の多くが徒歩11分以上かかる物件を購入している一方、マンション購入者は10分以内が大半だ。前年同月比で比較すると戸建ては徒歩16分以上の割合が、マンションは徒歩5分以内の割合が増加した。広さや住環境を意識する層は戸建て、立地や資産性を重視する層はマンションを選ぶ風潮に大きな変化はない。

価値観変容はこれから

結局、コロナ禍を引き金に人々が都心から郊外へなだれ込む光景は、現時点では観測できていない。実は、郊外への移住に含みを持たせたリポートを発表した総務省統計局自身も、「詳細な分析はしていない」と慎重な物言いだ。

郊外への「民族大移動」が起こる可能性は当面高くない。それでも、利便性や資産性が強調されていた住宅への価値観はコロナ禍を契機に見直され、それぞれのライフスタイルに応じた多様化が進む余地はある。

住宅需要の旺盛な多忙な共働き世帯や単身者にとっては、住宅選びの際には通勤時間や駅までの距離が重要だった。在宅勤務が定着した層にとっては、広い住戸が割安で手に入る郊外には興味をそそられるだろう。地方移住や2拠点居住についても、住まいの選択肢の1つとして存在感を高めていきそうだ。

積水ハウス住生活研究所の河崎由美子所長は、「家でどう過ごすかが重要なテーマとなったことで、少しでも広い所に住みたいというニーズが高まっている。住宅のトレンドはおおむね15年周期で変化してきており、コロナ禍が長期化すれば広さや住環境を郊外住宅に求める風潮は強まる」と見通す。

タスの藤井部長も、「テレワークが本当に定着するかはコロナ禍終息後に浮き彫りになる。したがって、郊外に流れる動きが活発化するとすれば、コロナ禍が収まってからではないか」と話す。

人々が住まいのあり方を再考し始めたことは確かだ。こういった新たな住宅ニーズの胎動をいち早く察知し、商品化へとつなげられた企業がアフターコロナの住宅業界を制する。需要側と供給側の両面で構造変化が起きそうだ。

（一井　純、森　創一郎）

マンション取引が増えた駅・減った駅

縮小を続ける経済活動を尻目に、活発に取引されているのが中古マンションだ。巣ごもりが続いたため仕様の優れた住戸を望む世帯が増えたことや、新築と比較した価格の割安感が購入を後押しした。東日本不動産流通機構によれば、20年11月の首都圏の成約件数は前年同月比で14%も増加している。

では、コロナ禍にあってとくに活発に取引された駅はどこなのか。不動産プラットフォームを提供するマーキュリーの協力を得て、首都圏の駅ごとの中古マンション取引戸数を集計した。

コロナ禍が深刻化した20年4月～11月末と前年同期を比較し、取引戸数の増減をランキングしたのが次表だ。同一駅に複数の路線が乗り入れているケースについては、各マンションの広告やパンフレットの物件概要部分に掲載された最寄り駅のうち、最初に記載されている駅を抽出した。

コロナ禍で取引戸数が増加・減少した駅ランキング

増加↑ 新築マンションの「転売」が押し上げ

順位	駅名	路線名	2019年	2020年	増減(戸)
1	馬車道	みなとみらい線	26	69	43
2	有明	ゆりかもめ	5	16	11
3	南船橋	JR京葉線	8	15	7
〃	南町田グランベリーパーク	東急田園都市線	12	19	7
〃	花小金井	西武新宿線	13	20	7
〃	相模原	JR横浜線	14	21	7
7	成田	JR成田線	11	16	5
8	矢切	北総線	3	7	4
〃	光が丘	都営大江戸線	9	13	4
〃	流山セントラルパーク	つくばエクスプレス	10	14	4
11	東白楽	東急東横線	2	5	3
〃	西日暮里	東京メトロ千代田線	2	5	3
〃	高島平	都営三田線	3	6	3
〃	高根公団	新京成線	3	6	3
〃	本八幡	JR総武線	5	8	3

減少↓ 湾岸エリアの取引が縮小

順位	駅名	路線名	2019年	2020年	増減(戸)
1	勝どき	都営大江戸線	400	233	▲167
2	豊洲	東京メトロ有楽町線	271	116	▲155
3	東雲	りんかい線	87	32	▲55
〃	新豊洲	ゆりかもめ	104	49	▲55
5	有明テニスの森	ゆりかもめ	143	99	▲44
6	天王洲アイル	東京モノレール	82	43	▲39
〃	不動前	東急目黒線	78	39	▲39
8	東戸塚	JR横須賀線	88	52	▲36
9	辰巳	東京メトロ有楽町線	115	80	▲35
〃	広尾	東京メトロ日比谷線	97	62	▲35
11	みなとみらい	みなとみらい線	75	42	▲33
12	新浦安	JR京葉線	82	50	▲32
13	品川シーサイド	りんかい線	67	38	▲29
14	お台場海浜公園	ゆりかもめ	66	38	▲28
〃	磯子	JR根岸線	47	19	▲28

(注)1995年以降に首都圏で分譲された物件のうち、2019年4月～11月末および20年4月～11月末の各期間における中古マンションの売り出し戸数を集計。駅は各物件の広告やパンフレットなどの「物件概要」に最初に掲載されているものを抽出。同一駅でも路線別に集計。▲はマイナス　(出所)マーキュリー

取引戸数増加の裏側

コロナ禍において取引戸数が突出して増えた駅は、みなとみらい線「馬車道」だ。周辺には小ぶりなマンションが立ち並び、これまでの住宅市場における存在感は高くなかった。突然の活況の謎を解くカギは、三井不動産レジデンシャルと丸紅が開発したタワーマンション「ザ・タワー横浜北仲」にある。

北仲の入居が始まった20年春、不動産仲介サイトには早くも売り出し物件がずらりと並んだ。売り主の正体は「転売ヤー」。マンションの引き渡し後すぐに転売し、利ザヤを稼ごうと企てたのだ。

「新築未入居！」。北仲の販売が始まったのは2017年11月。当初の販売価格は坪単価で390万円だった。地上58階・総戸数1176戸といずれも横浜市内で最大規模、商業施設などとの一体開発、加えて駅直結。物件の希少性に対して割安だという声が上がり、投資家勢も視線を注いでいた。

それを受けてか、第1期の販売戸数730戸に対して約2・9倍もの申し込みが入り、1番人気の住戸は38倍をたたき出した。人気ぶりを受けて売り主自身も途中で価格を上げたほど。現在でも多数の中古物件が売りに出されているが、価格は坪400万円を優に超える。諸経費や税金を差し引いても、キャピタルゲインを得るには十分だろう。

同様の現象は第2位のゆりかもめ「有明」でも見られた。駅徒歩3分の場所で住友不動産が販売中の「シティタワーズ東京ベイ」は20年2月に入居が始まったが、その後、断続的に住戸が売りに出されている。

17年8月の販売開始時の平均坪単価は325万円。その後はマンション市況の伸長を受け住友不が販売価格を引き上げたことに加え、20年6月には物件の目と鼻の先に商業施設「有明ガーデン」が開業。買い物利便性に乏しいという有明の弱点が克服され、物件の評価も高まった。

こうして当初の販売価格と比べて、売却しても利益が出る水準まで周辺相場が上昇。シティタワーズ東京ベイも、21年1月時点では中古物件が坪400万円台で売りに出されている。

同物件は3棟のタワーマンションから成るが、未販売住戸はまだ500戸以上ある。住友不は今後も時間をかけて販売する意向を示しており、販売中住戸の価格は1LDKで坪約460万円。相場はまだまだ伸びそうだ。

転売を行うのは業者だけでなく、不動産業に従事していない個人も多い。都内の新築マンションのモデルルームに勤める営業員は、「実需で購入を検討している世帯でも、販売価格を坪単価に換算して割高・割安を比較したり、周辺の賃料相場から利回りを逆算したりする客はざらにいる」と話す。逆にいえば、将来的な売却や賃貸による資金回収を視野に入れなければ価格上昇の続く新築には手が出ず、投資家目線を持たざるをえないという事情も見え隠れする。

別の営業員は「どこにでもいそうな若いカップルが、開口一番『パンダ部屋（広告掲載用に意図的に価格を抑えた客寄せパンダとしての住戸）を買いに来た』と言ってのけた」と苦笑い。投資家勢の増加は取引の活発化に寄与する一方、価格や抽選倍率の上昇要因となるため、実需層にとっては悩ましい存在だ。

3位以下にはJR京葉線の「南船橋」や都営大江戸線の「光が丘」など、大規模商業施設が近くにある利便性の高い駅がランクイン。東急田園都市線の「南町田グランベリーパーク」でも、19年11月に東急が同名の商業施設を駅前に開業した。遠出がためらわれる環境にあって、周辺で買い物が完結する駅は存在感を高めそうだ。

今後も住宅志向の変化が続けば、思わぬ駅が脚光を浴びる可能性がある。中古マンション取引が活発になれば、潜在的な住宅需要を嗅ぎ取ったデベロッパーによる新築マンションの供給を呼び、新たな市場開拓へとつながる。

同じ「湾岸」でも明暗

対照的に取引戸数が最も減少したのが都営大江戸線「勝どき」だ。2位以下にも「豊洲」や「東雲」、「有明テニスの森」、「天王洲アイル」、「辰巳」、「品川シーサイド」、「お台場海浜公園」など東京湾岸エリアの駅がずらり。もともとの取引量が多い一方、緊急事態宣言発出により仲介業者が営業を自粛したことで、取引機会が制限された影響を大きく受けた。

物件の流動性が高い湾岸エリアでは他地域よりも売り手・買い手ともに資産性を意識する傾向があり、コロナ禍が住宅市況にどんな影響を及ぼすか、という様子見ムードも色濃く出た。ただ、住宅価格への影響は軽微とみられた20年6月以降は取引が復調し、価格はコロナ禍以前よりも強含みで推移している。

（一井　純）

ファイナンシャルプランナーが検証

都心と郊外の「現実的な比較」

シェアーズカフェ　店長・中嶋よしふみ

マイホームを購入した場合、都心と郊外で月々の家計はどのように変わってくるのだろうか。架空の４人家族、藤井さん一家（東京・杉並区在住）がファイナンシャルプランナー（ＦＰ）に相談した場面を想定して、現実的なライフプランを検証してみた。

【藤井さん一家の家計データ】
夫：３４歳　ＩＴ企業勤務・ＳＥ（年収６９０万円）
妻：３５歳　広告代理店勤務・経理（年収３６０万円）

長女3歳、長男1歳
現在の家賃　月15万円・車なし

都市プラン

藤井さん（仮名）は、今後の住居について悩んでいた。年が明けてもコロナ禍が続き、夫婦でテレワークを継続中だ。

テレワークは現在、夫婦とも週2～3日あり、その頻度は今後さらに上がりそう。ただ、夫婦でテレワークをするには今の賃貸住宅は狭すぎる。妻は育児休業から復帰したばかりで子どももまだ小さい。

そこで藤井さんは近いうちにマイホームを購入しようと決め、第1候補を東京の北千住にした。JR常磐線、地下鉄日比谷線など5路線が通っていて都心へのアクセスがよい。勤務先まで30分以下、5000万円で3LDKの築浅の中古マンションが買える。

ただ、妻から「実家のある埼玉で一軒家はどうか」という提案もあった。妻の実家は埼玉県の大宮で、その近辺なら広い一軒家が買える。実家から子育ての協力も得られる。

そこで目をつけたのが埼玉県の川越だ。通勤時間は1時間に延びるが毎日でなければ無理な距離ではない。新築の一戸建てで100平方メートルの物件が3000万円台で買える。今後テレワークが増えれば、広い家は魅力的だ。

2つのプランで収支はどう違うか。藤井さんは妻と2人でFPに相談することにした。

北千住のプランは4980万円の中古マンションで、頭金は500万円、住宅ローンは4480万円で試算した。

毎月のローン返済額は約13・3万円となり、管理費・修繕積立金は月3万円、固定資産税は年12万円で計算すると、年間の住宅コストは207・6万円だ。

ここで、FPは「年間収支のシミュレーション①」を提示した。

年間収支のシミュレーション①
▶北千住（東京）のケース

・3LDKの築浅中古マンションを購入
・物件価格4980万円
（頭金500万円、住宅ローン4480万円）

キャッシュプラス ＋		キャッシュマイナス －	
住宅ローン減税の適用	43.0万円	住宅コスト増加	27.6万円
妻の収入増加	100.0万円	長男の保育園費用増加	17.7万円
長女の保育園費用減少	38.5万円	長女の児童手当の減少	6.0万円
小計	181.5万円	小計	51.3万円

（注）35年ローン、金利1.31%（フラット35・2020年12月時点の金利）、ボーナス返済なし、夫婦でローンを組んだと仮定。賃貸時との比較

収支プラス 約130万円

左側はキャッシュがプラスになる要因、右側はマイナスになる要因だ。

この計算方法の特徴は、考慮すべき要素を支出額が多く家計に与えるインパクトが大きいものに絞ってざっくり計算し、なおかつ「家を買ったらいくら払うか」ではなく、「現在の支払額からいくら増減するか」という考え方をしている点だ。計算する要素が少なくシンプルなため、収支が変化した理由も一目でわかる。

初年度は住宅ローン減税による還付（年末のローン残高×1％）が43万円、妻の仕事復帰による収入アップが100万円、長女が3歳になって保育園が無料となり費用減少が38・5万円（2019年10月から3〜5歳の幼児教育・保育の無償化がスタート）。小計181・5万円のプラスとなる。

年間住宅コストは207・6万円と以前の年間家賃（15万円×12カ月＝180万円）に比べて27・6万円増加する。1歳の長男に保育園費用が発生して負担が17・7万円増加（第2子で半額）。長女が3歳になって児童手当が減額され年間6万円のマイナスとなる。

これらのプラスの要素とマイナスの要素を合計すると、年間収支は約130万円のプラスとなる。

藤井さんは、思ったより収支のプラスが大きくなることに安堵した。ただ、これは住宅ローン減税と妻の仕事復帰による影響が大きい。住宅ローン減税の終了、妻の妊娠による産休で収入減少、子どもが私立の学校に進学して教育費が増加するなどライフプラン次第で収支は大きく変わる。

郊外プラン

川越のプランは、3500万円の一戸建て、頭金350万円、住宅ローンは3150万円で試算した。

毎月の返済額は約9・3万円、固定資産税は年10万円と、年間の住宅コストは約122万円となる。

年間収支のシミュレーション②

▶川越（埼玉）のケース

・100平方メートルの一戸建てを購入
・物件価格3500万円
（頭金350万円、住宅ローン3150万円）

キャッシュプラス＋		キャッシュマイナス－	
住宅ローン減税の適用	30.0万円	長男の保育園費用増加	30.2万円
妻の収入増加	100.0万円	長女の児童手当の減少	6.0万円
長女の保育園費用減少	38.5万円		
住宅コスト減少	58.0万円		
小計	226.5万円	小計	36.2万円

（注）35年ローン、金利1.31%（フラット35・2020年12月時点の金利）、ボーナス返済なし、夫婦でローンを組んだと仮定、一戸建ての修繕コストはいったん除外。賃貸時との比較

収支プラス 約190万円

年間収支のシミュレーション②を見た藤井さんは驚きの声を上げた。川越プランの場合、住宅コストは現在の賃貸の住まいより年間約58万円も減る。住宅ローン減税は30万円、これに北千住プランと同様に妻の収入アップや長女の保育園費用無料化を加えると、226・5万円のプラスとなる。

一方、長男の保育園費用の増加は川越市の場合30・2万円、長女の児童手当の減少分は6万円のマイナスだ。

差し引きで全体の収支が約190万円のプラスとなり、やはり北千住のプランより余裕が大きい。

ただ家の修繕コストをいったん除外しているため修繕費も考慮する必要がある。車を保有すれば北千住プランとの差は小さくなる。

藤井さんが20年に貯金した額は約100万円で、これは20年時点の収入と支出が反映された額だ。ここに新居購入後の収支の変化を考慮すれば、北千住のプランでは21年の貯金額は200万円以上、川越プランならば300万円近くと貯蓄水準として問題はなく、住宅購入のために生活水準を落として支出を削る必要もない。

今後も年収が大幅に減らない限り、住宅ローン減税の終わる13年後まで毎年コンスタントに十分な貯金額を維持できる。3歳の長女が高校に進学する頃、保守的に見積もって北千住プランならば1500万円、川越プランならば2500万円近くの貯金の上乗せが可能だ。これなら大学や老後の資金もさほど心配はないのでは、ということになる。

結局、藤井さんは資金面の問題がないことを理解し、夫婦の働き方を含むライフプラン次第でどちらでも好きなほうを選んで問題ないという結論になった。余裕ができた資金の使い道は教育費か、貯金か、話し合って決めればいい。

コロナ禍で働き方は大幅に変わった。通勤がない生活の豊かさに気づいた人もいるだろう。今回取り上げた藤井夫妻の事例を参考に年間収支のシミュレーションを応用して、自身のライフスタイルを貫くための住宅選びをしてほしい。

中嶋よしふみ（なかじま・よしふみ）
1979年生まれ。保険を売らず共働きの夫婦に有料相談を提供するFP。住宅相談が得意。

INTERVIEW　ニューノーマル時代の住まいとは？ ①

「広さ重視の潮流は続く」

野村不動産　社長・宮嶋誠一

――コロナ禍での販売状況は？

ふたを開けてみれば盛況だった。当社が首都圏で販売する物件の場合、2020年7月以降のモデルルーム来場者数と契約者数はいずれも前年同月を上回った。リモート営業も併用し、歩留まりは約2割まで上昇している。

戸建ても好調だ。騒音を気兼ねしなくていい、マンションよりも広さが欲しいというニーズの受け皿になった。中古住宅の仲介も伸びている。こんな状況は予想もしていなかった。

所得への悪影響があまり及んでいない業種の世帯が購入に動いており、実需中心の坪単価500万円台までは底堅い。富裕層向けの坪800万〜900万円台は20年春の株価下落局面では動きが鈍ったが、その後の株価回復につれて客足が復調した。

——立地需要に変化は?

吉祥寺駅からバスを使うマンションはコロナ禍以前よりも販売が加速し、想定より早く完売した。東京23区内やその周辺では坪300万円を切る新築はわれわれを含めなかなか供給できていない中、坪200万円台という価格が受け入れられた。豊富な共用施設や商業施設が至近という点も評価された。

コロナ禍以前は多忙な共働き世帯を中心に面積を我慢してでも利便性を選ぶ顧客が多く、都心・駅チカ物件の独り勝ちだった。ところが、自宅に仕事場を確保するための面積が必要になった。そこでもともと狙っていたエリアよりも検討対象が一回り外側に広がっている印象だ。

むろん、郊外すべてで引き合いが強まっているわけではない。当社では郊外向けマンション「オハナ」も開発しているが、価格水準は坪単価でおおむね100万円台後半。そうした価格での供給が成立するエリアにはまだニーズが波及していない。
とはいえ働き方が多様化する中では、住宅探しの際に在宅勤務を念頭に置き、広さを重視する流れはコロナ禍が収束しても続くのではないか。

――書斎などの仕事場を自宅に設ける動きが出ています。

リビングや寝室の一部をコンパクトな仕事場につくり替える提案をしている。部屋と部屋の間に2畳分の仕切りを設け、ウォークインクローゼットや書斎として使えるプランも好評だ。
大規模マンションでは共用施設にコワーキングスペースを設置しているが、オープンスペースではなく電話やテレビ会議ができる個室ブースの需要が高まっている。マンション内で完結させるだけでなく、当社が運営する外部のコワーキングスペースとの連携も模索している。

――住宅ローン減税の対象住戸が40平方メートル台まで拡大しました。

ファミリー世帯が減る一方、単身者やＤＩＮＫＳ、シニアなど少人数の世帯が増えており、コンパクトマンションのニーズが高まるだろう。当社はこれまでファミリーを中心に据えていたが、大型物件の中にコンパクトな住戸を取り入れることで、少人数世帯の顧客との接点も築いてきた。今後は1LDKや2LDKに特化したマンションも供給していく。

──2021年の見通しは？

感染拡大が続く中でも販売は堅調だった。コロナ禍終息の成否は、住宅市場にはあまり影響はないと思われる。新築は供給が少なく、売主は売り急いでいない。土地代や建築費も高騰が続き、価格が下がる理由は見つからない。

（聞き手・一井　純）

宮嶋誠一（みやじま・せいいち）

1958年生まれ。81年野村不動産入社。2002年住宅カンパニー事業開発一部長、04年取締役などを経て15年4月より現職。

「1億円の高額住宅も販売好調だ」

積水ハウス　社長・仲井嘉浩

──コロナ禍で予想以上に住宅需要が堅調です。

２０２０年９月の２１年１月期上期（２０年２〜７月期）決算の発表時に、国内事業の通期営業利益見通しを２００億円ほど減額したが、この頃から受注が回復していった。下方修正の額が大きすぎた。

受注回復の要因は緊急事態宣言下でもＷｅｂやオンラインでやり取りする仕組みを提案し、社員がお客としっかりつながることができたことだ。ＳＭＡＲＴ－ＥＣＳ（次世代換気システム）といった、感染対策になるような新しい商品を素早く投入できたことも大きい。

コロナ禍のステイホームで、家に対する関心は確実に高まっている。このチャンスを生かし、今の流れを一過性で終わらせることのないようにしたい。

――積水ハウスは「都心」でも「郊外」でも事業を行っていますが、それぞれで需要の変化はありますか。

二極化が進んでいる。都市部のマンションは好調で、(通勤電車を避けて)職住近接を希望するお客が目立っている。もう一極は、東京でいえば多摩や武蔵野方面で分譲住宅の売れ行きがいい。都心から少し離れて一戸建てを狙うお客が出ている。

戸建て(注文住宅)も好調に推移しているが、われわれが力を入れている高価格帯(5000万~1億円)の伸びが大きい。ライフスタイルを前面に出した7棟のモデルハウスで暮らしの提案をすることで、お客の選択肢が広がる。購入コストが上がっても許容される傾向にある。ZEH(ゼロエネルギー住宅)仕様はほぼ標準になってきているし、大空間のリビングを導入する方も増えている。

――コロナ禍を経て、新しい家の役割をどう考えますか。

20年の創業60周年に当たって打ち出した長期ビジョンで、「わが家を世界一幸せな場所にする」とうたった。われわれは家を建てるだけでなく、お客の幸せに一生寄り添っていいたい。ただ、幸せといってもふわっとしているので、「健康」「つながり」「学び」に因数分解した。

「健康」は住宅業界が取り組んでこなかった分野だ。脳卒中や心疾患などで年間7万人が家で亡くなっているのに、何もしていなかった。それで非接触型のセンサーで急性疾患を発見する「HED-Net」をつくって20年12月から実験投入した。朝起きたら心筋梗塞、脳卒中で亡くなっていたといった事態をどうしても減らしたい。

――「つながり」「学び」とはどのような機能ですか?

「つながり」とは、例えば遠隔地のおじいちゃんおばあちゃんとどうつながるか。あるいは「健康」から派生するオンライン診療も「つながり」ということになる。さらに人生100年時代、人は学び直さないと生きていけない。そのときにオンライン学習もあるし、バーチャル観光、バーチャル美術館とか、家の中で学習してから本物を見に行くことになるかもしれない。家は勉強したり、自分の人生を豊かにするためにエネルギーを蓄えたりする場所と定義したら、「学び」の機能も必要だ。

「健康」「つながり」「学び」は家の機能として今後30年、絶対に重要になる。われわれは19年1月に「プラットフォームハウス構想」(次世代技術を活用した住宅)を打ち出しているが、これを具体的に追求していきたい。

(聞き手・森 創一郎)

仲井嘉浩(なかい・よしひろ)

1965年生まれ。88年京都大学工学部を卒業、積水ハウス入社。経営企画部長を経て2016年取締役常務執行役員、18年から現職。

【マンション編】在宅需要取り込みに苦心

「こんなに売れるとは思わなかった」。住宅業界を取材していると、あちこちでうれしい悲鳴が聞こえる。景気や雇用がむしばまれ、マンションや戸建ての購入機運はしぼむ、という業界関係者の予想はよい意味で裏切られた。大手デベロッパーの東京建物が東京・豊島区で販売する「ブリリアシティ西早稲田」もその1つだ。

モデルルームをオープンした2020年7月下旬、折しも感染拡大の第2波の襲来と重なった。「来場のキャンセルが多発すると思っていた」という、販売を統括する東京建物住宅営業第二部の根本淳一課長の懸念をよそに、キャンセルは数件のみでモデルルームは連日ほぼ満席だった。

申し込みの6割が30代

20年9月下旬より開始した第1期1次販売では、161戸の供給に対して296件もの申し込みが入り、最高倍率は9倍だ。JR山手線の内側という好立地でありながら、定期借地権という特性もあり3LDKが6000万円台で手に入ることが評価されたという。

活況を演出したのは、申し込みの約6割を占めた30代だ。金融業などコロナ禍の影響が軽微な業種に従事する人が多い。広さ重視の潮流を受けてか、「総額が膨らむため通常なら販売に時間のかかる80平方メートル以上の住戸がすぐに売れていった」（根本課長）。

抽選になるほどの盛況ぶりは各地で見られた。三菱地所レジデンスなどが20年10月に発売した「ザ・パークハウス名古屋」（愛知・名古屋市）では、第1期の200戸に対して434件の申し込みが入り、最高倍率は17倍だ。

野村不動産が同年9月に発売した「プラウドタワー東池袋ステーションアリーナ」

（東京・豊島区）でも、平均価格が1・1億円にもかかわらず第1期115戸が即日完売した。野村不の宮嶋誠一社長は「（コロナ禍でも）販売が好調に推移するとはまったく予想していなかった」と驚く。

異例の活況を読み解くカギは、マンション市場の構造にある。不動産経済研究所によれば、19年に首都圏で供給されたマンションの平均価格は5980万円。東京23区内に限ると価格は7286万円にまで上昇する。一般家庭にはなかなか手の届かない水準だ。

そのため、購入者となるのは金融やITなどの業種に就く比較的所得の高い層となる。こうした業種はコロナ禍の影響が比較的軽く、在宅勤務に移行しやすいホワイトカラーの人も多い。巣ごもりで募る住居への不満も相まって、購入に踏み切ったのだろう。

東京カンテイの高橋雅之主任研究員は、「新築マンションは供給戸数を限定し、購入できる層にターゲットを絞っている。大都市圏は顧客のパイが大きく、コロナ禍でもボーナスがさほど減らなかった業種の顧客に限っても、供給戸数を吸収できた」と分析する。

20年9月に野村不動産アーバンネットが会員向けに行った住宅購入に関する意識調査では、回答者の51％が「コロナ禍は住まい探しに影響を与えていない」と答えた。さらに約9％が「検討を始めるきっかけとなった」という。

購入意欲の高まりは、歩留まり（モデルルーム来場組数のうち、成約に至った割合）の高さにも表れる。東京建物の場合、「都心の物件なら1割が目安だが、西早稲田の第1期1次販売は15％強」（根本課長）。中堅デベロッパーの穴吹工務店が茨城・水戸市で20年8月から販売を開始した「サーパス水戸大町セントマークス」では、総戸数39戸と小規模ながら歩留まりは約30％に達し、3カ月で全戸が完売した。

サーパス水戸大町セントマークスは土地柄か、契約者の4割は日立製作所関連企業の従業員だ。穴吹工務店は19年にも水戸で物件を供給したが、「当時は本社のある日立市などからの距離を気にする人も多かった。今回は日立製作所が在宅勤務を本格導入したことで、会社から離れた物件でも検討対象になったようだ」（担当者）。

引っ張りだこなのは中古マンションも同様だ。「購入の相談に来られても、紹介する物件がない。購入希望は増えた一方で、売却希望が少ない。市場から在庫がどんどん消えている」と、大手不動産仲介会社の幹部は悩ましげに話す。

購入の中心は初めてマンションを買う1次取得者層。シニアなど買い替え層は感染を忌避して外出を控え、自宅売却を先送りした。別の大手仲介会社の社員は、「20年の緊急事態宣言の印象を引きずり、今売却すると買いたたかれると考えている売り主も少なくない」と話す。供給が乏しい環境では販売中の物件に申し込みが集中し、在庫はさらに枯渇する。売り手優位から「20年初めに仕入れた物件が、想定よりも高く売れている。この数カ月間でも、相場が上がっている」(前出の社員)。

現在販売している新築マンションは、コロナ禍以前に企画・建設されたものだ。戸建てと異なり、マンションは用地を仕入れてから開発、引き渡しまで2~3年はかかるため、急なニーズの変化に対応できない。ニューノーマル仕様の商品が市場に投入されるのはまだまだ先だ。

面積圧縮の代償

しかも、新たな商品設計は一筋縄ではいかない。一例が書斎の導入だ。仕事場としての部屋を新たに設けるには広い面積が必要だが、デベロッパー各社はこれまで収納を削ったり部屋の面積を小さくしたりして住戸全体の面積を圧縮し、販売価格を抑えてきた。自らが採用してきた商品戦略が、新たな商品企画の壁として立ちはだかる。

在宅勤務を行う場合、理想は住戸内で各部屋が独立している間取りだ。住戸内のパブリックとプライベートを分けた「PP分離」と呼ばれ、高級マンションでの採用事例が多い。この点、戸建ては2階や3階など垂直にPP分離ができる点が優位だ。

一方で、昨今のマンションで増えているのは、「リビングイン」と呼ばれる設計だ。どの部屋に行くにもリビングを通る必要がある。通常の間取りと比べて廊下が短くて済み、結果的に面積圧縮に貢献するため、採用するデベロッパーが増えている。

効率的な間取りではあるが、各部屋は引き戸で仕切られていることが多く、リビングからの生活音が漏れ伝わりやすい。実際に暮らしてみると、各部屋に向かうための動線を確保する必要もあるため、家具の配置も制限される。

在宅勤務の普及から足元では広い部屋のニーズが急に高まっているものの、デベロッパーは広さ重視のトレンドがどこまで続くかの見極めに慎重だ。今やファミリー向けでも60平方メートル台や70平方メートル台が幅を利かせる。土地代の安い郊外で広めの商品を設計しても、数年後の販売時にはコロナ禍が終息し郊外需要が落ち着けば事業計画に水を差されるため、ニューノーマルを意識した大胆な商品の提案に踏み切れていない。

伊藤忠都市開発が提案する「+HANARE」は、その名のとおり住戸から独立した「離れ」だ。住戸を出て共用廊下を渡った先にあり、住戸同様に専有部分として独占的に利用できる。同社の担当者は「もともとは子ども部屋などの用途を想定していた。在宅勤務需要を受け、仕事部屋としての利用を提案したい」と話す。東京・神楽坂や川崎市内の物件に導入していく。

しかし、新たに部屋を設けるこうした動きはごく一部。他社ではリビングの一角に個室ブースを設けたり、ウォークインクローゼットを書斎に転用したりする簡易的な提案が主流だ。購入検討者や居住者からの反応を試金石にしたい意向で、新たな商品戦略は手探りの状態といえる。

専有部分の面積には限界があるため、共用部分に仕事ができるラウンジを設置するマンションも多い。「大規模物件には最優先で検討していきたい」（東京建物の秋田秀士取締役常務執行役員）。マンション内にとどまらず、外部のコワーキングスペースとの連携も一助となる。野村不動産は自社で運営するコワーキングスペースを自社物件マンションの住民が利用できないか検討を始めた。

税制改正も後押し

快走を続けるマンション業界に20年12月、さらなる追い風が吹いた。住宅ローン控除（減税）の延長・拡充が決まったことだ。年末のローン残高額の1%を10年間控除する制度で、19年の消費増税に伴う需要喚起策として控除期間が13年間に延長されていた。この特例措置が22年末まで継続される。「継続自体は既定路線だったが、いざ決まってみるとほっとした」（大手デベロッパー幹部）。

さらに関係者が注目するのが、控除対象となる住戸がこれまでの50平方メートル以上から40平方メートル以上へと拡充されたことだ。40平方メートル台の住戸はマンション業界にとって悩みの種だった。投資用としては広すぎるが、実需としてはやや狭く売りづらい面積帯だからだ。「ファミリー向けに3LDKや2LDKの住戸を並べた設計だと最後に少しだけ面積が余ることがある」（大手デベロッパー）。その場合は40平方メートル台の1LDKにして販売することもあるが、ほかの住戸と比べ販売進捗は鈍いという。

むろん、今回の特例措置は一義的には1～2人の少人数世帯の増加によるコンパクト住戸の需要増加が背景にある。また40平方メートル台への住宅ローン控除の適用に当たっては、投資目的を排除するため所得制限を3000万円以下から1000万円以下へと厳しくした。とはいえ、「帯に短したすきに長し」だった40平方メートル台が売りやすくなると期待する向きは多い。

2021年も価格が下がる兆しは見られない。売り主であるデベロッパーの業績はさほど傷んでおらず、投げ売りに急ぐ動機はない。消費者にとっては歯がゆいが、マンション業界は軟調な実体経済とは別世界で動いている。

（一井　純）

「価格は上がる可能性もある」

東京建物　取締役常務執行役員　住宅事業本部長・秋田秀士

コロナ禍でもマンション販売は好調だ。当社では月に90～100戸の契約を目標に据えているが、2020年8月は160戸、12月はそれ以上の契約を獲得した。外出自粛で家にこもったり近所を散歩したりするうちに、広さや住環境を求めて購入に踏み切っている。動いているのは賃貸住宅に住む世帯。特に20代や30代の反響が大きい。

在宅勤務の導入に伴い郊外でも構わないという声がある一方、「満員電車で通勤する日常にはもう戻れない」と、あえて職場の近くを希望する顧客もいる。ただ郊外需要は今後も続くとみており、都心に軸足を据えていた当社も郊外での供給に力を入れる議論をしている。現在埼玉県ふじみ野市で物件を仕込んでいるほか、北関東や北陸など地方都市での供給も予定している。

共用部分については、大規模マンションにはコワーキングスペースを導入していく。各戸の玄関に宅配ボックスを設置して非対面で荷物が受け取れたり、顔認証システムを導入してエントランスの解錠やエレベーターの操作を非接触でできたりする機能も搭載していきたい。

マンション価格は下がる兆しが見られない。建築費はやや落ち着いてきたが、土地代はホテルの代わりに、マンションの販売好調を受けたデベロッパーが強気の値段を提示しており、依然高止まりだ。

2021年はコロナ禍を懸念して住宅購入を先送りしていたシニア世帯もいよいよ動き出すのではないか。「金融環境は今後も堅調」とみた富裕層の投資やセカンドハウス需要も戻ってくるだろう。マンションの需要が高まれば、価格は上がる可能性もある。

秋田秀士（あきた・ひでし）
1964年生まれ。87年東京建物入社。住宅情報開発部長などを経て2019年3月より現職。

【戸建て編】〝あの手この手〟の総力戦

２０２０年9月、積水ハウスは茨城県古河市にある住まいづくりのテーマパーク「関東　住まいの夢工場」内に、ライフスタイル型のモデルハウスを7棟完成させ、「7stories」として開業した。

1棟ごとに子育て家族「小林さんち」、アクティブシニア「山本さんち」など、7つの架空の家族を設定した。家の中でミニシアターが楽しめる「バル」や「フィットネス部屋」など、具体的な「暮らし」を見せることで、商品を売り込みやすくなり、販売単価のアップにつなげる狙いがある。

「7stories」の総合プロデューサーである積水ハウス住生活研究所の太田聡部長は、「営業では耐震性など技術面のアピールをしがちだが、それでは他社との違いが伝わりにくい。暮らしの提案は課題だったが、7storiesでは、リアリティーをもって暮らし方を見せることができる」と胸を張る。

自宅の建て直しを検討するため夢工場を訪れた東京・板橋区の男性は、「当初、建て替えには乗り気ではなかったが、夢工場に来てがぜん火がついた。お酒が飲めるライブラリーを設けたり、屋上で星を見たりと夢が膨らむ」と話す。

夢工場は完全予約制で、各地の営業員が顧客を招き、成約に結び付ける「クロージング」の場としても活用されている。実際、ここを訪れる顧客の4～5割が成約に結び付いているという。

夢工場で目玉商品として提案されているのが、「内藤さんち」や「小林さんち」に導入されている「ファミリースイート」。要は部屋の壁を取り払った20畳以上の巨大なリビングだ。

「われわれが『LDK』と書いて生活を規定するのは、実はおこがましいこと」と話すのは、住生活研究所の河崎由美子所長。「子どもの成長からみても、必要なのは子ども部屋ではなく居所。子どもの7割がリビングで勉強しているというデータもある。

家族のつながりを重視した空間がどんなものか考えたら、自由に使える大空間という結論に至った」という。

巨大空間には、強度のある長い「はり」が不可欠。社内で偶然その技術開発が進んでいたこともあり、ファミリースイートは実現した。参考坪単価は69万5000円で、導入率は全請負戸建ての60％にまで伸びている。

大空間vs.小空間

積水ハウスの「大空間」が売り上げを伸ばす一方、大和ハウス工業では、わずか3畳から設計できる商品がヒットしている。

2020年6月に販売を始めた防音仕様のテレワークスペース「快適ワークプレイス」だ。「(20年の）緊急事態宣言明けにインパクトのある商品が欲しい」とのトップダウンで、急ごしらえしたのがこの商品である。

「緊急事態宣言の真っただ中、社員が一度も顔を合わせることなく、オンライン会議のみでつくった」（事業戦略グループ・佐藤文主任）というもので、社員らのテレワークでの気づきが、商品の隅々に生かされている。

防音壁、防音ドア、二重窓、防音換気扇、コーナーチューン（三角柱形の吸音材）や奥行き60センチメートルのデスクの取り付けなどが標準装備となる。「図書館並みの静けさ」が売りだが、声の反響を抑えるコーナーチューンまで標準装備でそろえるのは、社内で「いくらなんでもやりすぎでは」とも言われた。

もともと2006年に発売してヒットした防音室「奏でる家」の技術蓄積があり、防音に長けていた大和ハウス。住宅商品開発部の太田洋介主任は、「コーナーチューンを普通の家庭の中で使うという発想はなかった。他社にはできない製品でもあり、快適ワークプレイスではあえてオプションで採用した」と言う。ただ、音楽用の完全防音室からはスペックのレベルを下げ、コストダウンを優先した。

快適ワークプレイスの価格は3畳で71万5000円から。「フル防音設備の他社製品に比べて半分以下の値段」（太田主任）とのことで、販売開始直後には、半個室のプランと合わせていきなり56棟の契約があったという。現在ではさらに契約棟数は伸び、月に80棟まで導入が進んでいる。

鼻息荒いビルダー群

20年9月期に都心のコンパクト建て売り住宅の販売を大きく伸ばしたオープンハウス。8期連続で過去最高の純利益を更新したことが、業界関係者の耳目を集めた。「東京に、家を持とう。」をキャッチフレーズに、1200万円（土地別）からの低価格住宅で、若い1次取得者層に人気がある。

20年10月に、東京・足立区内でオープンハウスの戸建て住宅を購入した田中さん夫妻（仮名）。マンション暮らしだったが、1200万円の標準モデルにいろいろと注文を加え、結局、3450万円の土地と合わせ5700万円で物件を購入した。ちなみに、世帯年収はちょうど1000万円だ。

田中さん（妻）は「郊外も考えたが、通勤は30分圏内がいいと思っていたのでベストマッチだった。マンションでは隣の部屋でテレワークをしている夫の声が気になったり、友達を呼べなくなったりする。戸建ては階が複数になるので、そこは魅力」と話す。

田中さん宅の土地は約42平方メートル。そこに3階建ての家が建つ。1階は納戸と風呂やランドリースペースに使い、2階にリビング、キッチンなどを配置。3階に寝室とロフト付きの書斎、ウォークインクローゼットをつくった。狭小地の有効活用を得意とするオープンハウスだが、その住宅は確かに狭さを感じない。なぜ、そんな芸当が可能なのか。

同社建設部の松本和樹主任は、「構造設計などは別の担当者がいるので、われわれは間取りの設計に専念でき、年間50軒くらいできる。限られた土地でどう広く見せるか、使いやすくするか、おのずから経験が蓄積されていく」と言う。

収納スペースのノウハウはもちろんのこと、階段は踊り場をつくらず4段で横に90度曲げる、トイレは階段の下の空きスペースにつくる、エアコン室外機は最長20メートルの配管を用意してどこにでも設置できるようにするなどのノウハウがある。

一方で、ガラスは網入りの高級品を使い、火事の際に窓が割れて隣に延焼しないようにしたり、外壁材は16ミリメートルの厚いものを使い、防火性能を高めたりしている。それでも低価格が可能になるのは、土地の仕入れから設計、販売までグループ内で完結しているため、仲介手数料などが発生しないからだ。

都心マンションと違い、戸建ての建物の資産価値は経年劣化で限りなくゼロに近くなる。だが、前出の田中さん（妻）は、「駅からの距離など利便性を最重視した。一生住むつもりなので、資産価値は考えなかった」と語る。

都心vs.郊外

都心の狭小戸建て住宅が主力のオープンハウスに対して、郊外の広々とした分譲住宅の販売が好調で業績を伸ばすのがケイアイスター不動産だ。20年3月期には、過去最高の売り上げ・純利益を計上した。

20年11月に栃木県宇都宮市内の1LDKの賃貸アパートから、同市内にある

4LDKのケイアイスターの分譲戸建てに引っ越した山本さん夫妻（仮名）の場合、ケイアイスターの商品を選んだのは、実家の近くで静かな環境や学校があるなど立地が決め手だった。

「コロナ禍でどこにも行けず、家で過ごす時間のことを考えた。広い庭を手に入れたので、友達とバーベキューをしたり、ガーデニングをしたりしたい」と山本さん（妻）。

さらに、シンプルなつくりで2900万円（土地含む）という価格も気に入ったという。「床暖房や電動シャッター付きのガレージなどは要らないし、シンプルで低価格なのがいい。カーテンレールも自分で業者に頼んで安く抑えた」（山本さん〈妻〉）。

ケイアイスターでは、庭の芝、カーテンレール、網戸もオプションだ。「家に使うお金は安くして、生活を豊かにしてもらいたい」（ケイアイスターの塙圭二社長）との考えからだ。

とはいえコンセントを通常より高くして、いちいちしゃがまずともプラグを差し込めるようにしたり、半身浴台の付いた容積の小さな浴槽を標準装備にして、水道代の節約を図ったりするなどのこだわりも見せる。

ただ、分譲戸建ては立地で勝負が決まる。各営業所では5～6人ほどの土地仕入れのチームが地場の不動産会社を1日5軒以上は回って情報を吸い上げる。そうした情報を工期や販売状況とともにシステム上で可視化し、土地購入の即断即決につなげている。

「必勝モデルができ上がった」と堝社長。今期、グループの営業所は、初進出の関西圏を含めて52店舗の純増（前期は20店舗純増）とする方針で、合計148店舗となる。躍進は続きそうだ。

（森　創一郎）

「通勤に便利なエリアが人気」

オープンハウス　社長・荒井正昭

郊外にどんどん人が移るといわれていたが、都心は相変わらず人気がある。人が郊外に行ってしまうというのは（郊外を開発する）デベロッパーの発想だ。

当社は仲介業からスタートし、現場に接してお客が何を求めているかを追求してきた。家といえば夢と希望の一軒家だったが、今はもっと現実的で、家賃を払うより住宅ローンを組んだほうが安く住めると考える。

大手デベは高額層を刺激するような商品をつくっているが、当社はユニクロやニトリのように、この価格でこの品質なら十分満足という商品をつくっている。

エリアについても、30年前の人気エリアと今は違う。若い営業マンのほうが最近のトレンドを把握している。

副都心といわれた西側から、東京駅や大手町に近い東側に人気が移った。山手線の駅でいうと日暮里、西日暮里、鶯谷。錦糸町も今の若い人には人気がある。要は通勤に便利ということだ。

売り上げ1兆円へ

土地の情報は非常に重要で、当社では運動量の多い1日10社くらい回れる人を仕入れ担当にしている。

製販一体で、土地を買うところから販売まで、全部自社グループで賄っているのも特徴と言える。これは業界初のモデルで、意思決定が速くできる。

プレサンスコーポレーションが1月までのTOB（株式公開買い付け）で連結子会社になれば、年間の売り上げ規模が8000億円に到達するのは間違いない。（目標とする2023年9月期売上高1兆円まで）あと2000億円なので、既存事業を積み上げるだけで達成できる。

加えて、エリア補完できるような同業他社のM&A（企業合併・買収）、いまはグループ外に発注しているマンション建築ができるゼネコンのM&Aなども積極的にチャレンジしていきたい。

（構成・森　創一郎）

荒井正昭（あらい・まさあき）
1965年生まれ。87年にユニハウス入社。97年に独立しオープンハウスを創業、代表取締役社長に就任。

「注文から分譲への流れは続く」

ケイアイスター不動産 社長・塙 圭二

当社の場合、（得意とする）埼玉の県北、群馬、栃木などに加えて、関東の南のほうでも需要が見込まれる。こうした郊外で供給数が多いビルダーは、コスト優先で金太郎あめみたいな家をつくりがちだが、われわれはデザインを重視し周りの雰囲気、環境に合った外観、間取りをつくっている。販売価格もそのエリアの賃貸住宅の家賃以下で支払えるような設定をしていて、需要を取り込めている。

昔は、建て売りは注文に比べると安普請のイメージだったが、今はすごくよくなった。構造材もプレカットを使っているし、システムキッチン、ユニットバス、ユニットト建具はパーツも工業製品化している。豪華なキッチン、ジェットバスなどはお客が求めているものではない。注文住宅は値段が高いし、土地を探す手間もある。分譲住宅でも「いい立地でこの建物だったら」という人が増えていて、注文から分譲への流れは続くとみている。ただ、分譲住宅がどこでも売れるわけではない。

営業より商品力で勝負

土地の仕入れが一番の肝。駅が遠い、スーパーが遠い、学校が遠い場所では売れない。われわれのところには地元の不動産会社から土地の情報が絶えず上がってくる。お客の好む立地のデータが蓄積されているので、土地仕入れの可否を即日で返答できる。そういうところには情報がより多く入ってくる。

われわれのシェアは地域によって3％以下～10％。ゼロのところもある。まだシェアを取れる自信があり、一気にいくときだ。ただ、営業の力で売るというのは間違いで、商品がよければお客が買ってくれる。お客が進んで買いたくなる価格で、いい商品をつくるのが当社の使命だ。

（構成・森　創一郎）

塙　圭二（はなわ・けいじ）

1967年生まれ。86年加藤ハウジング入社。90年ケイアイプランニング（現ケイアイスター不動産）設立。91年現職。

コロナ禍だからこそ注目！

中古マンション選びの勘所

マンショントレンド評論家／マンション管理士・日下部理絵

新築マンションが高嶺の花となる一方、割安感から中古マンションの人気が高まっている。ただ、一口に中古といっても、新築未入居から築浅、さらに築50年以上経過した物件までさまざま。中には売り出しを待つ客がいるほどの人気物件もある。

では、今社会的に求められているのはどんな中古マンションか。昨今のトレンドを解説していく。

■ **中古マンションの存在感は高まっている**
—分譲マンションのストック戸数—

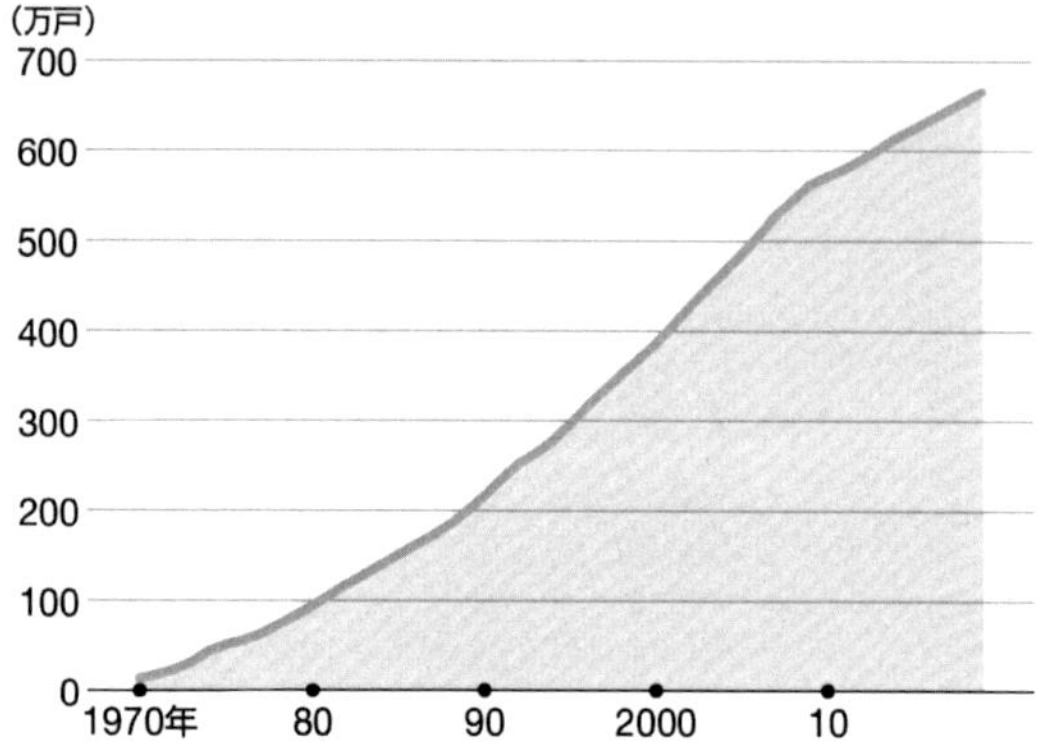

(注)2019年末まで　(出所)国土交通省

マンションは働く場に

マンション業界においても、テレワークがキーワードになってきた。早くも1LDK+（プラス）W（WORK=仕事部屋）といった間取り表記も出現したほどだ。注目を浴びているのは、「サービスルーム」などといわれる空間だ。

これは採光基準などを満たさず居室として表示できない部屋を指す。なじみの薄い表記であり、これまでマンション業界ではあまり歓迎されてこなかった。だが、書斎として使うには十分であるため、積極的に導入する物件も増えている。

テレワーク用の快適な間取りが欲しければ、リノベーションを施して自分好みの間取りをつくるのも手だ。マンション購入時やその後に専有部分修繕等の工事申請書を管理組合へ提出して許可を受ければ、間取りの変更や設備の交換ができる。可動式の間仕切りや収納を利用した可変性のある間取りを設ければ、アフターコロナにおけるライフスタイルの変化にも対応できる。

共用部分にも着目したい。中には居住者向けの仕事場として使えるスペースなど、さながらオフィスのような設備を備えるマンションもある。複合機や電話ブース、Wi－Fiなどが設置されていれば、利便性はいっそう高まる。

こうした共用施設を備えていない物件でも、テレワーク用の共用施設の新設を検討している管理組合は少なくない。例えば、消防法に支障のない範囲でエントランスホールやラウンジの遊休スペースを活用しレイアウトを変えて仕事ができる空間を創出する、空き駐車場など使われなくなったスペースにテレワーク用の個室ブースを設置するといった具合だ。

注意すべきは、新設したブースやコワーキングスペースは容積率に加算されてしまうことだ。ただ、容積率に余裕がない物件でも、2014年の建築基準法の改正前に建てられた物件なら活路はある。法改正によって、エレベーターのシャフト（昇降路）の床面積が容積率不算入となったためだ。

例えばエレベーター1基を有する10階建てのマンションであれば、おおよそ1LDKの住戸分の面積が新たに活用できる可能性がある。むろん、新たな施設を導入した場合には、その後の維持管理もきちんと行う必要があることは言うまでもない。

在宅時間が増えれば、騒音やゴミ捨てルールといった近隣住民とのトラブルも増える。気に掛けたいのが、共用部分であるバルコニーの運用だ。気分転換にうっかりバルコニーでたばこを吸ってしまうのは御法度。また、趣味で始めた家庭菜園が害虫を招いてしまったり、ほこりや土の処理が不十分で排水溝を詰まらせてしまったりするトラブルもある。

ネット通販で利用される「置き配」も、廊下に荷物を置くことはあまり推奨されない。避難通路をふさぎかねないうえ、火災の原因にもなりうるからだ。宅配ボックスがある場合でも、1人で複数のボックスを占領したり、荷物を長期間置きっぱなしにしたりする行為はトラブルのもとだ。

利用が増えている出前サービスも、セキュリティーの観点から入り口で記帳を義務づけるといった対策を取りたい。これからの中古マンション選びにおいては、こうした管理規約の周知徹底やマナー啓発を管理組合が行っているかが、重要となるだろう。

テレワークに加えて課題として挙がるのが感染症対策だ。戸建てと比べてほかの居住者との接触機会が多いマンションでは、エレベーターや手すり、ゴミ置き場や共用施設などの消毒を徹底したい。共用部分でのマスク着用や私語の自粛を呼びかけるマンションも増えている。

換気システムで感染予防

築年数があまり経過していない物件であれば、2003年の建築基準法改正により、すべての建物に設置が義務づけられるようになった「24時間換気システム」を活用するのも手だ。例えば、コロナ禍の長期化が予想される場合、テレワーク同様、感染症予防のための共用施設を設けることも一考だ。強風を当てて体に付着したほこりやちりを落とすエアシャワー室などが挙げられる。

最近では、コインランドリーを併設するマンションが注目されている。これまでは室内やバルコニーに洗濯機を設置できないマンションが、共用部分にコインランドリーを構えるパターンが主流だった。

ところが、近頃は感染症対策として、旅行に行った際の洗濯物を部屋に持ち込まず、そのまま洗えるというニーズから、部屋に洗濯機があるマンションでも需要が高まっている。

立地や築年数などを除けば、中古マンションでも変えられる部分は少なくない。専有部分は自分好みにリノベーションを施せるうえ、共用部分も管理組合が手を加える余地は大きい。

コロナ禍自体は一過性の問題かもしれない。それでも、居住者の意向や時代の変化をくみ取り、マンションは竣工後でも変えられる余地があることはコロナ禍の収束時期にかかわらず意識しておきたい。

日下部理絵（くさかべ・りえ）

維持管理の側面から中古マンションの実態に精通する。著書に『マイホームは価値ある中古マンションを買いなさい！』『「負動産」マンションを「富動産」に変えるプロ技』など多数。

住宅ローンを使いこなす

ＭＦＳ代表・中山田　明

コロナ禍で住宅購入の希望はどう変わったか。私が代表を務めるＭＦＳでは住宅ローンの借入額判定サービスを提供しているが、コロナ禍の前後では利用動向に大きく3点の変化があった。

①　年収３００万～４００万円台の割合が高まった
②　住宅ローン以外の借り入れのある人が増えた
③　希望物件は、マンションよりも戸建てが中心になった

つまり、比較的年収が低く、住宅ローン以外にも借り入れがあるような経済面で苦

しい人の住宅取得意欲が高まり、マンションよりも戸建てが人気の中心になった。コロナ禍で経済的な打撃を受けても、在宅時間が増えたことで、賃貸住宅に住み続けるより、比較的低価格の郊外の一戸建てを購入し、自分の住む場所を確保したいと考える人が増えているようだ。

なお、そうした傾向は、当社が提供する住宅ローンの借入可能額判定サービス「モゲパス」のユーザー（東京都・神奈川県・埼玉県・千葉県の物件を希望する20〜50代の男女1735人）への調査結果から読み取れたものだ。

また、当社は提携する金融機関のローンの審査担当者と日常的にやり取りをしている。そこからわかるのは、コロナ禍の影響による審査基準の変化はあまりないものの、審査担当者が住宅ローンを申し込む人の属性にいっそう神経質になっていることだ。

勤務先が観光や飲食などの業種で、コロナ禍の影響をダイレクトに受けている場合、審査目線は確実に厳しくなっている。そうした業種でなくても、月々の給料やボーナスが低下している人も同様だ。

その一方で、住宅ローンの獲得をめぐる金融機関同士の競争は激化している。最近はオンラインで住宅ローンを探す人が増えたため、とくにネット銀行間の金利競争が激しく、住宅ローンの金利は０・４％台まで低下している。

さらに政府は景気対策として、住宅ローン控除を一段と優遇しようとしている。ローンで住宅を取得・改築した場合に、年末のローン残高の１％を所得税額から差し引く仕組みで、その適用期間を原則１０年のところ２０２０年末までに入居すれば１３年という特例があった。これを2年延長する。

ただ、住宅ローンの最低金利が０・４％台の今、ローン残高の１％が所得税から控除されれば、減税額が支払利息を上回るケースもある。このことは会計検査院も問題視するほどだ。「住宅ローンを組む必要がないのにあえてローンを組む動機づけになったり、特例適用期間が終了するまで住宅ローンの繰り上げ返済をしない動機づけになったりすることがある」と指摘。与党も２２年度に改正する方針を打ち出しており、住宅ローンを組んだほうが得という状態は早晩薄れるかもしれない。

低く抑えた団信の保険料

保険についても、住宅ローンにメリットを感じる人が出始めている。住宅ローンの多くは、団体信用生命保険（以下、団信）という保険への加入が、借り入れの要件となっている。住宅ローン利用者が万が一、死亡や高度障害になると保険金が下りて住宅ローンの残高が0円になる保険だ。

その保険料は通常、住宅ローンの金利に含まれている。多くの場合、住宅ローン利用者ではなく、融資をしている金融機関が負担する。年利0・4%台の住宅ローンの金利で、金融機関が死亡・高度障害の保険料も支払っているということは、保険料がそうとう安く抑えられていることになる。

団信の保険料が安いのは、住宅ローンに付随する保険ならではの以下の理由があるからだ。

①住宅ローンを借りられる人しか入れない
②健康リスクの高い人は加入できない
③住宅ローン利用者は繰り上げ返済をする人が多い

まず団信には、住宅ローンを借りられる人しか入れない。つまり住宅ローンの審査をクリアした人しか加入できない。ローン審査をクリアしたということは、安定した職に就いていたり、家族がいて生活基盤が確立していたりする人ということになり、このような人は健康状態が良好なことが多い。

次に、健康リスクを抱えている人は団信に加入できない点だ。一般的に保険は、リスクの高い人が加入する傾向にある。リスクの高い人ほど、そのリスクを回避するインセンティブが高い。他方で、団信は、リスクの高い人はそもそも加入が難しい。

最後に、住宅ローン利用者は繰り上げ返済をする人が多いということだ。退職までにあるいは60歳までに住宅ローンを完済したいと考え、実際に繰り上げ返済をする人は多く、死亡や高度障害のリスクが高まる50歳代以降の人の住宅ローン残高は減っているため、保険金の支払いは少なくて済む。

これら3つの要因が重なって、住宅ローンの団信は保険料が安く抑えられている。

さらに最近は死亡や高度障害の保障に加えて、がん保障、3大疾病保障、8大疾病保障、全疾病保障などを提供する団信もある。

団信のがん保障は、がんと診断されただけで住宅ローンの残高が0円になる。多くの場合、０・２％程度の金利の上乗せで加入できる。３０００万円の住宅ローンで金利を０・２％上乗せすると、月の負担増は２６００円程度となる（３５年の元利均等返済で、上乗せ金利部分のみを計算）。

同様に月２６００円程度の保険料でがん保険に入ろうとすると、がんと診断されたときに受け取れる保険金は１５０万円程度（４０歳男性の場合、ライフネット生命保険のシミュレーションより）だ。

３５年の住宅ローン残高が１５０万円程度になるのは３０年以上経ってから。それまでは団信に付くがん保障のほうががん保険を上回っている。

若いうちは団信の保障額が上回る
―団信とがん保険の保障額比較―

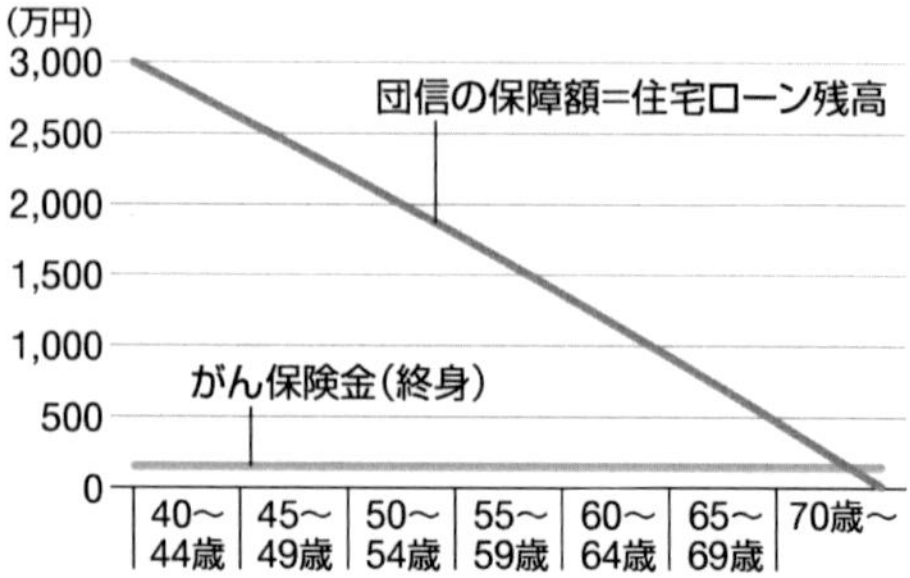

(注)35年間のがん保障付き団信と、月額負担が同程度のがん保険を比較　(出所)MFS

	がん保障なし	がん保障付き
元本(円)	30,000,000	30,000,000
金利(%)	0.4	0.6
期間(年)	35	35
月次返済額(円)	76,557	79,209
総返済額(円)	32,153,976	33,267,641
金利返済総額(円)	2,153,976	3,267,641

差は2600円程度

確かに、がんと診断される確率が急上昇する70歳超では住宅ローンを完済し保険期間が終わっていることがあるなど保障内容が異なることから、両者を単純比較することはできない。だが、若いうちのがんのリスクを考えて、がん保障付き住宅ローンの団信にメリットを感じる人も増えているようだ。

中山田　明（なかやまだ・あきら）

1999年ベア・スターンズ証券会社で住宅ローン証券化を担当。その後、新生銀行で住宅ローン証券化を主導。SBIモーゲージ（現アルヒ）などを経て2014年より現職。

忍び寄る空室増加の影

15倍――。あるノンバンク系金融機関の投資用マンションローンにおける「年収倍率」だ。年収倍率とは、「年収の○倍の融資が可能」という指標で、ローン借入額の目安の1つとされる。個人の属性や業者の与信などにもよるが、冒頭の例なら年収700万円程度あれば「億り人」(億円単位の資産を有する投資家)になれる計算だ。

貸し渋りはアパートだけ

これまで、実需向けマンションの活況を伝えてきた。ただ、それだけではなく、他人に賃貸して家賃収益を得る目的で売買される投資用マンションも気を吐く。都内で投資家向けに中古マンションを売買するブリッジ・シー・エステートの澁谷賢一社長は、「物件価格は金融機関がどれだけ融資をするかに左右される。コロナ禍でも融資姿勢は変わらず、価格が下がる兆しはない」と話す。

投資用不動産をめぐっては、2018年にスルガ銀行による不正融資が発覚したことで厳しい目が向けられた。が、その後融資が絞られたのはアパートローンで、資産性のある投資用マンションへの影響は軽微。むしろアパートローンの縮小によって融資先に困った金融機関の資金が流入し、「以前より融資が受けやすくなった」(別の投資用マンション販売業者)。実需同様、投資用マンションローンの金利も年1%台後半と低水準で推移する。

20年の緊急事態宣言発出前後には金融機関の業務が停滞し、一部物件で審査の長期化が発生するなど肝を冷やす場面もあったが、6月以降は融資手続きが正常化に向かった。加えて景気の先行き不透明感を受け資産運用に乗り出す人が増えたことで、投資用マンションの引き合いは増加。販売好調で在庫がない、といううれしい悲鳴さえ聞こえる。

「1500万円でいいから融資させてください」。都内の投資用マンション販売業者は20年秋、付き合いのなかった地方銀行から再販用物件への融資の打診を受けた。地銀は小口融資を通じて業者との関係を築き、ゆくゆくは新築物件開発や運転資金など大口融資につなげる狙いだ。金融機関が投資用マンションを融資先として重宝する限り、価格は下がりにくい。

一方で肝心の家賃は伸び悩む。不動産情報サービスの「アットホーム」によれば、3大都市圏における単身者向けマンションの家賃は、過去5年間で1割程度の上昇にとどまっている。東京23区内のワンルームマンションでは、「実質利回りで4%に乗る物件を探すのが難しくなってきた」（投資用マンション営業員）。

マンション調査会社のトータルブレインによれば、都心部のマンションの家賃は景気が底を打った12年と比べて2割程度の上昇で頭打ちとなっている。同社の杉原禎之副社長は、「家賃はいわば掛け捨てであり資産形成にはつながらない。家賃が上がりすぎると、安い物件に移るか買ったほうが得という判断になる」と指摘する。

■ 好景気でも賃料は頭打ち
—3大都市圏の平均募集家賃—

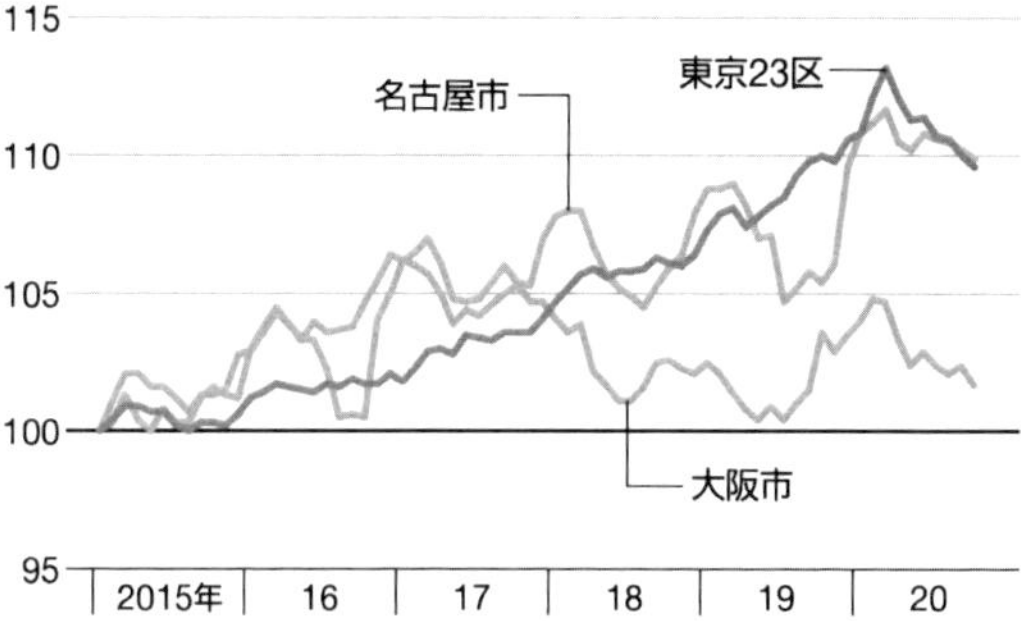

(注)2015年1月の金額を100とする。30平方メートル未満のマンションが対象
(出所)アットホーム

マンスリーという伏兵

空室への影響も顕在化してきた。JR山手線の駅から徒歩圏にあるワンルームマンションは、2020年秋に解約通知を受け取ったため、入居者の募集をかけた。すると、これまでなら住民が退去する前に次の入居者が決まっていたにもかかわらず、今回は2カ月も空室が続いた。最終的にオーナーが礼金を無料にし、ようやく申し込みが入った。賃貸管理会社は「家賃が月10万円を超える高価格帯の動きが鈍い」と打ち明ける。

原因は賃貸住宅の利用者層が移動を制限されたことにある。大学がリモート授業に移行したことで、一人暮らしの学生が減少。さらに渡航制限によって外国人の流入が途絶え、留学生や外国人技能実習生、そして外国人経営者といった富裕層の需要も減った。

コロナ禍特有の動きとして無視できないのが、マンスリーマンション需要の蒸発だ。投資用マンションの中には、業者が一括で借り上げマンスリーマンションとして転貸する物件も多かった。

ところが、出張の自粛によってマンスリーマンションの稼働が激減。それでも物件オーナーには毎月家賃を支払わなければならないことから、逆ザヤ状態に陥った業者が解約を進めた。その結果、多くの住戸がマンスリー用途から一般の賃貸住宅へ転換し入居者募集を始めたため、賃貸市場の需給が著しく緩んだ。

仲介業者の元には、敷金や礼金を無料にしたり仲介業者向けに広告費を積んだりした物件が増えているという。足元ではこうしたインセンティブにより家賃水準を堅持してはいるが、入居者争奪戦が激化すれば、いずれ家賃にも斬り込まざるをえなくなる。前述のアットホームの調査では、20年に入って家賃水準は下落に転じている。

投資用マンション市場は岐路に立つ。一般的に賃貸住宅は景気後退局面でも家賃の下落が限定的で、ほかの不動産に比べて不況に強いとされる。コロナ禍においても、オフィスや商業施設、ホテルと比べて影響が軽微という判断から、投資家の資金が流入していた。

だが、主要入居者層の需要が減り空室増や家賃下落が顕在化すれば、賃貸住宅の安全神話に疑問符がつく。20年11～12月に決算を発表したREIT（不動産投資信託）では、保有する賃貸マンションの稼働率が微減傾向にある。

賃貸業界は進学や就職を控え、転居が増える1～3月が繁忙期。多くの入居者を獲得できるが、退去も多く発生する。外出自粛が続く一方、分譲マンションの購入による「賃貸脱却」が増えている。「流入減・流出増」の構図はしばらく続くとみられ、市況の好転は見通せない。

賃貸市況が好転しなければ、沸き立つ売買市場に水を差すことになりかねない。

（一井　純）

サブリース襲う「2025年問題」

サブリース事業を展開する不動産会社に大きな影響を与える法律が、2020年12月15日に一部施行された。いわゆる「サブリース新法」だ。

サブリース業者は賃貸アパートやテナントビルのオーナーから物件を一括して借り上げ、入居者に転貸する。一括借り上げに際しては、「10年間賃料固定」などとうたい一定期間家賃を保証する。

だが、家賃保証をめぐって「将来のリスクが説明されていない」といったトラブルが相次いでいる。そもそも賃料が一定期間保証される契約も、借地借家法に基づいて途中で強制的に減額されることがある。そうした基本的なことも説明せず、「絶対に損しない」といった勧誘で素人同然のオーナーに無理な借金をさせ、アパートを建てさせる手口が横行していた。

2019年12月に公表された国土交通省のアンケートでは、業者がオーナーに対して「空室リスク」や「賃料減額のリスク」を説明している割合が6割程度にとどまっている実態も浮かび上がった。

国交省は新法で、サブリース業者だけでなく建設会社やコンサルタントなど「サブリース業者と組んで勧誘を行う者」も規制の対象とし、「必ず儲かる」といった不当な勧誘や誇大広告を禁じた。契約時には家賃の変動リスクなどの重要事項を書面で説明することも義務づけ、違反者には業務停止命令や罰金を科す。

新法を評価する向きも

サブリース被害対策弁護団の三浦直樹弁護士は、「これまでは規制法がなく、『契約書の賃料見直し条項について、下げるほうに使うことはないから安心してください』という営業トークが横行した。その念書を取ったが、後で『担当者が辞めたから知らない』と言われたケースもあった。裁判で、言った・言わないとなるとオーナー側が弱い。今回の立法で減額リスクの説明を課したことは前進」と評価する。

新法にいち早く反応したのが、オーナーとのトラブルがたびたび報じられている大東建託だ。20年11月の決算説明会で小林克満社長は、次のように強調した。「販促物についてすべてチェックし、誤認される可能性がある部分はすべて修正している」「不当勧誘については販促物の改訂や社員向けの研修に加え、社員自身が作成した提案資料の使用を禁止するなど指導を徹底していく」。

船井総合研究所の川崎将太郎マネージャーは、「サブリース自体は悪いシステムではない。オーナーが保護され、同時に自覚を持って賃貸経営に臨むことで業界は確実に健全化される」と話す。

一方、物件の既存オーナーには、「賃料減額」はすでに切実な問題として突きつけられている。

埼玉県内で事務所付き倉庫のサブリース契約を大東建託パートナーズと結んでいたオーナーは、あるテナント退去後の新たな家賃設定について大東建託側ともめている。

「28年前、父の代に設定された家賃は45万円。その5年後に34万円となり、12年からは23万5000円になった。大東は安くしたいのだろうが、周辺相場を調べたら36万円から41万円だった。事務所としてテナントを募集すればもっと高い家賃で貸すこともできる」（埼玉県内オーナー）。

オーナーは10回に及ぶ協議を行ったが、計算根拠などが一向に示されないとして20年5月に裁判所の調停を申し立てるに至った。

約款には、家賃保証額の基準となる「基準家賃額」は、大東側が決めると書かれている。オーナーは家賃設定の計算法を問い詰めたが、「設定は間違いない。賃料は適正」とにべもなかったという。だが、不動産鑑定士の鑑定を基にした調停の結果、賃料は35万円に跳ね上がり、「大東側は空室保証料として266万円余りの支払い義務がある」と裁判所に認められた。

そもそも大東グループでは、賃料の客観性をどう担保し、オーナーに理解させているのか。大東建託に聞いてみたが、「個別の回答は控える」との返答だった。

「一物四価」といわれる不動産業界で、「適正な賃料」とは何なのか。船井総研の川崎マネージャーは、「物件周辺の同じ面積、同じ間取りの部屋、駅からの距離などを調べて賃料を決めるが、住宅設備や維持コストなどさまざまな要因が関わってくる。会社側がこの賃料ですと言ったら、そのまま通るケースが多い」と言う。

新たな賃料の設定をめぐっては、レオパレス21も21年4月から正念場を迎えることになる。

東京・中野区のアパートでレオパレスとサブリース契約を結ぶオーナーは20年12月上旬、次のような通知を受け取った。

「賃料相場および経済情勢の変動を総合的に検証した結果、当社がオーナー様へお支払いする賃料を適正化し、21年4月以降からの賃料見直しのオーナー様に対しては、必要に応じて、適正な賃料に向けたご相談をさせていただく」

レオパレスは施工不備問題を受け、21年3月まで賃料見直しを凍結していたが、更新時期が来るオーナーから家賃減額交渉へ踏み切るというわけだ。この中野区のオーナーは、「家賃の下落は避けられるものではない。温水便座を付けたり防犯対策をしたりとテコ入れをしてアパートの稼働率を高める必要がある」と気を引き締める。

レオパレス経営企画部の竹倉慎二部長は、「賃料については不動産鑑定会社の鑑定を示して客観性を担保しながらオーナーと交渉する」と話すが、4月以降に予定している賃料減額に対してオーナー側がどのような反応を示すか、気になるところだ。

折しも、地方の空室率上昇は一服し、他方で東京都内の空室率が悪化傾向にある。

「コロナ禍でとくに東京23区は学生を中心に転入者が減少し、空室率が上がっていく可能性が高い。4～5年前の賃貸住宅バブル時代に建てたアパートで駅から遠い所、大学から近い所が苦しくなってくる」と不動産評価会社タスの藤井和之新事業開発部長は分析する。

■ **東京の賃貸住宅は空室率増加の傾向**

—空室率TVI(タス空室インデックス)の推移と予測—

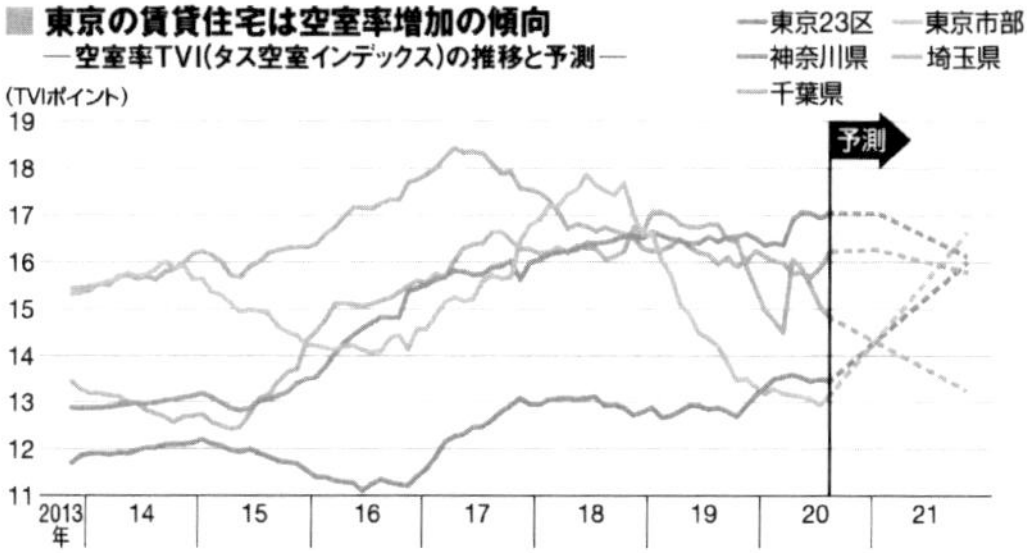

(注)2020年9月以降は予測　(出所)タスの分析を基に東洋経済作成

2015年の相続税増税に伴う節税対策で、その年の前後に過剰供給された賃貸物件は25年ごろに築10年を迎える。そこに超高齢化社会で空き家が急増するといわれる「2025年問題」が重なり、賃料下落リスクは深刻化する可能性がある。サブリース新法による業界健全化の裏で、「爆弾」のタイムリミットはひたひたと迫っている。

（森　創一郎）

【週刊東洋経済】

本書は、東洋経済新報社『週刊東洋経済』2021年1月16日号より抜粋、加筆修正のうえ制作しています。この記事が完全収録された底本をはじめ、雑誌バックナンバーは小社ホームページからもお求めいただけます。

小社では、『週刊東洋経済 eビジネス新書』シリーズをはじめ、このほかにも多数の電子書籍ラインナップをそろえております。ぜひストアにて「東洋経済」で検索してみてください。

『週刊東洋経済 eビジネス新書』シリーズ

No.342 衝撃! 住めない街
No.343 クスリの罠・医療の闇
No.344 船・港 海の経済学
No.345 資産運用マニュアル
No.346 マンションのリアル

No.361　激動の半導体
No.362　不動産　勝者と敗者
No.363　弁護士業界　最前線
No.364　YouTubeの極意
No.365　デジタル大国　中国
No.366　地銀　大再編
No.367　おうちで稼ぐ！
No.368　老後マネーの育て方
No.369　製薬　大リストラ
No.370　リスクシナリオ　2021
No.371　富裕層マル秘マネー学

週刊東洋経済eビジネス新書　No.372
コロナ時代の新住宅事情

【本誌（底本）】
編集局　一井　純、森　創一郎
デザイン　杉山未記、熊谷直美
進行管理　下村　恵
発行日　2021年1月16日

【電子版】
編集制作　塚田由紀夫、長谷川　隆
デザイン　市川和代
制作協力　丸井工文社
発行日　2021年10月7日　Ver.1

発行所　〒103-8345
東京都中央区日本橋本石町1-2-1
東洋経済新報社
電話　東洋経済コールセンター
03（6386）1040
https://toyokeizai.net/
発行人　駒橋憲一

電子書籍化に際しては、仕様上の都合などにより適宜編集を加えています。登場人物に関する情報、価格、為替レートなどは、特に記載のない限り底本編集当時のものです。一部の漢字を簡易慣用字体やかなで表記している場合があります。本書は縦書きでレイアウトしています。ご覧になる機種により表示に差が生じることがあります。

※本刊行物は、電子書籍版に基づいてプリントオンデマンド版として作成されたものです。